◇ 山地文明的典藏
◇ 贵州非物质文化遗产·探寻思辨

贵州省文化和旅游厅/贵州省非物质文化遗产保护中心 策划

传承与传播

龙佑铭 主编

贵州出版集团
贵州教育出版社
·贵阳·

图书在版编目（CIP）数据

传承与传播 / 龙佑铭主编. -- 贵阳：贵州教育出版社，2023.12

ISBN 978-7-5456-1646-0

Ⅰ.①传… Ⅱ.①龙… Ⅲ.①非物质文化遗产—博物馆事业—概况—贵州 Ⅳ.①G269.277.3

中国国家版本馆 CIP 数据核字（2024）第 001850 号

传承与传播
CHUANCHENG YU CHUANBO

龙佑铭　主编

出 版 人	赵玲宇
责任编辑	曹　梅　谭芳芳
出版发行	贵州出版集团　贵州教育出版社
地　　址	贵阳市观山湖区会展东路 SOHO 区 A 座 （电话 0851-86828567　邮编 550081）
印　　刷	贵阳精彩数字印刷有限公司
开　　本	710mm×1000mm　1/16
印　　张	21
字　　数	180 千字
版　　次	2023 年 12 月第 1 版
印　　次	2023 年 12 月第 1 次印刷
书　　号	ISBN 978-7-5456-1646-0
定　　价	98.00 元

如发现印装质量问题，请与出版社联系调换。
电话：0851-82263049

贵州省非遗博览馆所见所思

外地朋友来贵阳，常常要求主人家能够寻觅一个窥一斑而知全豹、展现贵州民族民间文化的去处，让人颇费踌躇。在2015年的盛夏，事情凸现转机——"文博会"的三天，其中四个展馆脱颖而出，让贵阳东南隅的文气升腾，凝聚了人们关注的目光。

新春以来，我亲眼目睹了荒坡野岭上这片建筑物的崛起，就像雨后生长迅猛的蘑菇。每一次前往，都有惊喜。这里有一种蓄积久久而亟待喷发的、浓郁的精气神。

非遗博览馆在立项之初是一张白纸，在全国乃至全世界，都无先例可循。那些日子，在文化厅的二楼，在酒店的客房，一位著名建筑师和一群热衷非遗事业的人们，在白纸上"涂鸦"，先想到了龙文化，后又不断补充，鼓文化、桥文化……但总有"盲人摸象"之感，如何才能看清、摸透、驾驭贵州非遗这头庞然而灵秀之巨象？推倒重来，重来又推倒，就在否定之否定的螺旋运动中，人们的心智和才情纵情挥洒，那是一些激动人心的瞬间。

有人提出，早在非遗博览馆筹建之前，贵阳就能够数出好几个民族文化展示馆了，有的就在市中心。那么，这个非遗博览馆有什么特殊的招数吸引人们舍近求远前往呢？问题很尖锐，直指软肋。

这种来自内行的善意提醒，使得大家一开始就在寻找定位——非遗博览馆与一般博物馆有何不同？又该如何体现？这成为我们在筹备的全程一以贯之的问题。忘记了这个，就意味着迷途难返。

非遗博览馆与各种博物馆一样，都有大量展品，但非遗博览馆的展品陈列展示不是终极目标，非遗更看重的，是其本身的诞生过程、传承人。最初，传承人的简介只有表格上的一两行字，游客一一扫过，基本上没印象，更别说记忆。然而，要把传承人一一介绍，且一个人只能用两百字，还要有特色，这确实挺考人的。执笔者一遍遍地写、改、再写、再改……只有非遗博览馆才能够把传承人放到这样重要的位置，因为非遗事业，就是仰仗一代代人坚持不懈地传承才有今天。无论如何也不能数典忘祖啊！

非遗的精髓当然也要体现在传承人及其先辈留下的作品上，用它们来支撑这个博览馆。大多数展品是从各市州乡县征集而来的。第一批展品送来的时候，我看了几件，犹如被从头到脚泼了一盆凉水。一些民间建筑用的木工工具，看去有如"破铜烂铁"，既粗糙简陋又没有传承历史，还少得可怜，有人说，只怕是扔在路上也没人看哟，这还要进非遗博览馆？有的民族服饰，鲜艳亮丽，但刺绣是机绣，蜡染是化学染料机染，就像刚从集市上购来的商品……这些，似乎都是为了完成征集任务的急就章，自然入不了专家们的法眼。而与此同时，修文县送来了一套并未列入征集目录的、20世纪20年代的苗族贯首服，那被岁月抹去了艳丽色彩的本真工艺，那细细密密的针脚，连同时光遗存的积垢，蕴含着浓郁的情怀，锁住了大家的目光，让人感动，难以忘怀。我从这件贯首服上看到了希望，看到了民间的深厚蕴藏。这样的展品，就是我们孜孜以求的宝贝啊！展馆的需求信息从贵州省非物质文化遗产保护中心以及各种渠道传了下去。此后，各地明白了非遗博览馆的需要，送展品的质量就一天天向好了。

特别值得一提的，是被称为"镇馆之宝"的那艘来自施洞小河村的独木龙舟。这艘龙舟在清水江上奔驰劳累几十年，历经了龙舟节等民俗的沧桑，已是"耄耋之年"了。它是很有情趣的"子母船"，用三根粗大的杉木挖槽并排捆扎而成。中间为母船，两边的是子船。节日里，母船满载礼品和食品，桡手们站立在子船上划桨，苗族汉子的阳刚之气震撼天地。五彩斑斓的龙头昂首向天，极富美的神韵。非遗博览馆诚挚地邀请它来馆内安度晚年，让神州大地以及全球的宾客们一睹它的风采。

　　清水江两岸有数十艘龙舟，每一艘都是有来历、有故事的。龙舟在"文革"中被当作"四旧"而遭"破除"厄运，但芳寨、八梗、巴拉河和石家寨等几个寨子想出了妙招来对付——他们那时也顾不得种种禁忌了，狠心把神圣的龙舟悄悄锯开后藏起来。当年的执锯人既冒了亵渎神灵的大不韪，又冒了偷偷藏匿的风险。"文革"过后，苗族同胞们心里的一块巨石落地了，当年的执锯人迫不及待地把锯开的龙舟找出来仔细拼接上。乡亲们都说这是执锯人立的大功，这也是那个年代抹不去的历史烙印。这艘龙舟由十几位乡亲奔波几百里前来送行，一直送到非遗博览馆，并在送达后和揭幕展出前，举行了两次隆重的祭祀仪式。

　　黄平泥哨是非遗博览馆的亮点之一。这是对泥哨最全面的、也是最高水平的展示。黄平泥哨是具有浓郁苗族特色的动物玩具，品种多达四百余种。它是最"年轻"的非遗作品，源自20世纪20年代。虽年轻，但它仍是典型的农耕文明的产物。造型上，艺人们善于捕捉动物的情态，大胆使用夸张变形的手法，注重动物头部特征塑造，强调神似形略，质朴简练，童趣盎然；以黑色为底衬，再用红、黄、蓝、白、绿、紫等颜色画上各种纹样。苗族民间泥塑艺人吴国清先生（苗名：贵也，1910—1993），是黄平泥哨的杰出艺人。他幼时就迷上了捏泥，凡是出自他手的动物泥哨惟妙惟肖，可谓一绝。非遗博览馆展出的这批吴国清泥塑作品共183种502件，全是吴国清的亲属吴建伟先生捐赠的，而且，由吴建伟亲手一一分类展陈。

　　非遗博览馆还有一批艺术精品来自贵州省文化馆数十年的收藏，大多数藏品是馆员们1959年在乡间搜集的。令人惊艳的二十多幅衣袖绣片，主要来自台江县施洞镇。

　　1980年以前，施洞家家户户都种棉。女孩子开始学绣花是七八岁，学纺棉花则是十二三岁。还要学习织布、染布。那时候，施洞只要有女儿的人家都养蚕、缫丝，并用植物染料染丝线。一位巧妇在二十岁时，就能自己染出15种颜色的丝线用于刺绣。在整个施洞地区，妇女们能用自制的染料染出50多种颜色的丝线，那种细微的差异，正是爱美女子的不懈追求。女子精心刺绣的苗族服饰是苗族各个支系的徽记，不论迁徙到哪儿，服饰版型是不会变的。所以，苗族女子在制作服饰时，可以有小小的创新，但大的框架必须与本支系的一致。服饰的认同是根深蒂固的，身着同一服饰的人群哪怕居住地阻隔着深山激流，他们在节日里也要身着盛装跋山涉水赶去相聚。

绣花是苗族女子的基本功。那些色彩绚丽、做工精美的苗族服饰，都是妇女们张扬自己的审美、浸透全部心血，一针一线绣出来的。施洞苗绣以人物和动物为中心，但并非写实，而是充满了奇特的想象，天上人间，无拘无束，纹样奇幻、崇尚抽象，色彩对比强烈，呈板块状，没有过渡色。施洞苗绣流行的绣法中极具特色的是破线绣。将一根普通丝线均分成4或8股细线，穿上针，线随针穿过皂荚，使丝线变得平顺、挺括、亮泽、紧密。这样处理过的线再用平绣的针法，沿纹样轮廓挨针挨线将纹样铺满。破线绣技法刺绣出来的绣品光滑细腻、精美华贵到极致，属苗绣中的精品。做这种破线绣时，天气严寒或酷热都会影响皂荚拖线的效果，所以，最佳的制作时间只有农历五六月份。

施洞苗族女装特别讲究衣袖上的刺绣。两只袖子的花样不必对称，描述的可以是一个连续故事中的不同段落，但色彩却有定规。三十岁以下的穿色彩鲜丽的"红袖子"，随着年龄的增长，袖子也涂抹了岁月的印痕而变成了灰蓝色调。非遗馆呈现的展品中，两种色泽的都有。贵州省文化馆的藏品因为年代久远，还有一大特色，即刺绣动物和人物都突出了五彩斑斓的"肠子"。因为在施洞苗族同胞看来，肠子汇聚了灵气，能看出人和动物的"心肠"之美。这种刺绣肠子的传统，在今天的刺绣中几乎见不到了。祖辈的刺绣不是为艺术，而是为了本民族最朴素的信仰。

贵州省文化馆对这批藏品的保存，是独具一格的。记得十年前我们在做贵州省民间美术遗产普查的时候，就想欣赏一下这批藏品，但馆方表示很为难。原因是保管这些珍品的、已退休的"唐老者"特别倔，执意不拿出库房钥匙。为何？原来，曾经有官员出国，借用藏品而未能如数归还。所以，他尤其对官员不放心、不买账。后来，还是通过我们团队中与"唐老者"同样"倔"的"王老者"出面，二位老者之间，都使出了倔劲，让时光慢慢地融冰化雪后，误会解开原来双方都是为了保护这批珍宝。于是，二老由倔强的对峙而到相互默契认同。在一个寒风凛冽的腊月天，由"唐老者"亲自监督，"王老者"带领特约摄影师，得以在贵州省文化馆院子里露天拍摄了部分照片。时光流转到2015年，我与贵州省非物质文化遗产保护中心的一位同仁前往挑选展品，是在办完各种手续后，拿出身份证登记，并交出了手机，才得以一睹展品风采的。而从贵州省文化馆借出展品来，更是通过了馆方三个工作人员共同经手，才遂愿。想想，如果没有"唐老者们"的倔劲，这批珍品历经了数十年的风风雨雨，也许早已如烟四散了。

贵州省文化馆的七八尊地戏面具，也是清代的物件。比起十年前的模样，它们又累积了一层岁月的尘垢，就像人已经老了几十岁。这也许与保存的条件不达标有关。贵州省文化馆和非遗博览馆都有很珍贵的藏品，但硬件和软件还有许多问题。这些问题不解决好，既愧对前辈，也无益于后人啊。

在传承厅里，传承人到场展示手艺，观众在现场体验非遗工艺制作，传承人指点教授观众制作，是非遗博览馆的一大特色。传承厅里有十几个非遗项目可以让游客体验。它们是：泥哨、牙舟陶、古法造纸、鸟笼、芦笙、玉屏箫、竹编、蜡染、剪纸、安顺木雕、刺绣、银饰、大方漆器，还有印江伞、农民画等。这里不仅是展示场馆，也是一个实实在在的大工坊。传承人在这里就可以生产出奇妙的产品来。

2004年初夏，我徜徉在美国纽约州立大学的一个手工艺品店里，几经选择买了一种厚实的、嵌有植物花叶的彩色花草纸带回收藏。当时觉得这是一种很美观又有文化含量的纪念品。一年后我得知，这两度漂洋过海才来到我书房的"花草纸"竟是我们贵州丹寨县石桥堡的造纸艺人王兴武的杰作。兴奋之情压倒了懊恼，我不由地注意起贵州本土的古法造纸来。

从一千八百年前的东汉年间蔡伦发明造纸术以来，造纸就一直在民间各地流传。而丹寨县石桥堡的造纸术，就是苗族先民借鉴了汉族的造纸技术，靠口传身教而延续下来的。石桥村的造纸作坊里，每年仍然要祭祀造纸的先祖蔡伦。石桥堡的古法造纸传承人王兴武开馆后就率工匠们来了，在这里生产了一批批的花草纸和白绵纸。

几句民谚很有意思："方漆清如油，照见美人头，摇起虎斑色，提起钓鱼钩。"从中可以读出丰富的信息：一是大方漆之品质优良，大方漆器的原材底蕴，是它有着最好的漆树林。二是大方过去制漆非常普及，以至有民谚流传。大方漆器这六百年以上的厚重历史，造就了杯、盘、碗、罐、瓶、壶、漆画等四百多个品种。一件漆器的制作需要有四十多道工序才得以完成。

我在传承厅里，遇到了一位六年前我曾经在大方县访问过的漆器艺人余孟益，这是一位出自漆器制作世家的手艺人，如今已年过花甲。他从小耳濡目染的就是漆器制作，常常帮做漆匠的父亲弄弄皮革、漆板，或是磨磨漆。11岁就开始学艺了。他告诉我，一个漆器艺人最重要的，是要学会制漆，但这个手艺，却是制作漆器的"顶尖学问"。选漆是不能忽视的。生长在阴山沟里的漆树，漆的厚度好，适宜做黑漆；生长在阳山的漆树，漆的透明度好，适宜做透明漆。漆酚含量在6分到8分的，是上品。除了目测之外，最好是用戥子称一钱生漆烤干，就能准确地了解它的漆酚含量究竟有几分了。

　　漆器不仅是手工艺品，更是美术品。装饰的技法有一百多种，大致可分为浮花、平花、暗花三个类型。不论哪种技法，绘画都是艺人不可或缺的基本功。历史上漆器的画师并不出自专业美术殿堂，而是出自手工艺人中。现代的大方漆器，尤其是磨漆画，既是民间艺人的作品，又有不少美术家参与，极大地提高了漆画的艺术品位。然而很无奈的是，现在的化工漆因其美观价廉，占据了漆器市场，大方漆器的传承，形势不容乐观啊。

　　最后我还想说说非遗博览馆的内部展陈设计和制作方，是以韩萌为总设计师的浙江黑曜石团队，他们是做博物馆的专业公司。接手工程的时候，已经是2015年的4月份了，他们原先没有接触过贵州非遗的任何项目，也没来过贵州。但通过几个月的工作，他们一个个成了贵州"非遗精"。当时，贵州方面承担的展馆建筑还没有封顶，黑曜石公司做展线、展台的工人们就不得不进场施工了。他们给展馆带来了连续熬夜、不怕苦的精气神，在展馆设计、展陈制作上，充分发挥了自己的艺术想象力。比如那尊99岁的紫云县歌师黄老金的塑像，是用高分子材料制作的，凡见过黄老金的人，没人不说"真像，太像了！"仅凭黄老金的一两张照片，就把歌师雕塑塑造得如此传神。我感觉到，他们不是把非遗博览馆当作商业产品来做，而是当成自己团队的传世之作来对待的。

　　三天的文博会结束后，非遗博览馆还面临着一系列的调整、细化工作，这将是考验非遗工作者知识、智慧和韧性的一条漫漫长路。

余未人
2015年7月27日

目录

初启 肇建布局 ·· 001 / 003

    一　立项 ·· / 004
    二　设计 ·· / 005
    三　施工 ·· / 014
    四　呈现 ·· / 022

传承 生生不息 ·· 037 / 039

    一　开馆 ·· / 040
    二　大山宝藏 ·· / 056

传播 驰名天下 ·· 099 / 102

创新 交流互鉴 ·· 213 / 215

后记 ·· / 322

初启

CHU QI

肇建布局

几经商榷，多番论证，贵州省非物质文化遗产博览馆（以下简称贵州省非遗博览馆）顺应时势，拉开建设帷幕。贵州省非遗博览馆的建成与投入使用，产生了巨大的社会、经济与文化效应。贵州省非遗博览馆与地方产业的合作，不仅能带动文化旅游发展，宣传贵州多样化的文化形象，塑造贵州文化品牌；更能提升贵州的城市形象，开拓新的文化旅游资源，以达到振兴文化旅游、振兴乡村产业，活跃地区文化的使命。

贵州省非遗博览馆，于文化，是多元文化的交融平台，是以高科技诠释贵州非遗的先锋与典范，旨在促进非遗保护；于民众，是深度体验贵州非遗的平台，能激发群众对非遗保护的关注和行动；于城市，是城市品牌与名片，是推动城市发展的文化力量，能促进城市的旅游发展；于民族，是民族文化的保存与弘扬。

一　立项

根据贵州省委、省政府的统一安排和部署，贵州省非遗博览馆坐落于多彩贵州文化创意园内（以下简称"创意园"）。创意园地处贵阳市双龙航空港经济区，距贵阳市中心约15公里，距龙洞堡国际机场约2公里。

贵州省非遗博览馆建筑面积约5000平方米，重点展示贵州非物质文化遗产代表性项目，包括民间文学、传统音乐、传统舞蹈、传统戏剧、曲艺、传统体育游艺与杂技、传统美术、传统技艺、传统医药、民俗十大类。通过展陈展演及互动体验的方式，并借助动漫、视频等现代传播手段，以一种全新的视角，展示贵州各民族文化与生活的多样性、独特性和原生性。

·· 设计图 ··

二 设计

设计思路

非物质文化遗产需要借助一定的物质载体才能展现其最为核心的文化意义,即在社会生活中的用途及由此引发的情感上的波动。因而,要将非物质文化遗产植入文化背景中,梳理其出现的背景与文化身份。

设计定位

贵州省非遗博览馆有别于其他博物馆,以非物质文化遗产为主要展示对象,虽与贵州省民族博物馆、工艺美术馆存在一定交集,但侧重点不同。贵州非物质文化遗产项目多为各民族的文化创造,兼具民族性与活态性。

总体规划

贵州省非遗博览馆由非遗展示厅、非遗传承厅及公共空间三部分组成。展馆依托贵州丰富而个性的族群文化,侧重非物质文化遗产的活态传承、地域特色、结合展示、活态演示、互动参与等模式,来规划其总体功能布局。

设计目标

展示贵州非物质文化遗产的完整性、真实性、传承性和地方性;

帮助贵州各族人民更好地了解自己家乡和族群在历史进程中创造的优秀成果,增强贵州人民以及客居他乡的贵州人的文化认同感和爱国爱乡情怀;

向外来游客宣传贵州的非物质文化遗产和背后的文化故事,提升和增强贵州省的文化品位和文化魅力,吸引海内外游客前来观光旅游、合作交流，促进和推动贵州省经济、社会和文化的发展；

作为公共知识文化空间和"第二课堂"，满足人民群众不断增长的精神文化需求，丰富人民群众的休闲娱乐生活，特别是向青少年传播好非物质文化遗产知识；

作为非物质文化遗产的研究中心，收集、整理、保管、交流、研究有关贵州各民族生产生活方式及其文化发展历程史料，从而保护人类文化多样性和激发人类的创造力。

◆·正面图·◆

◆·设计图·◆

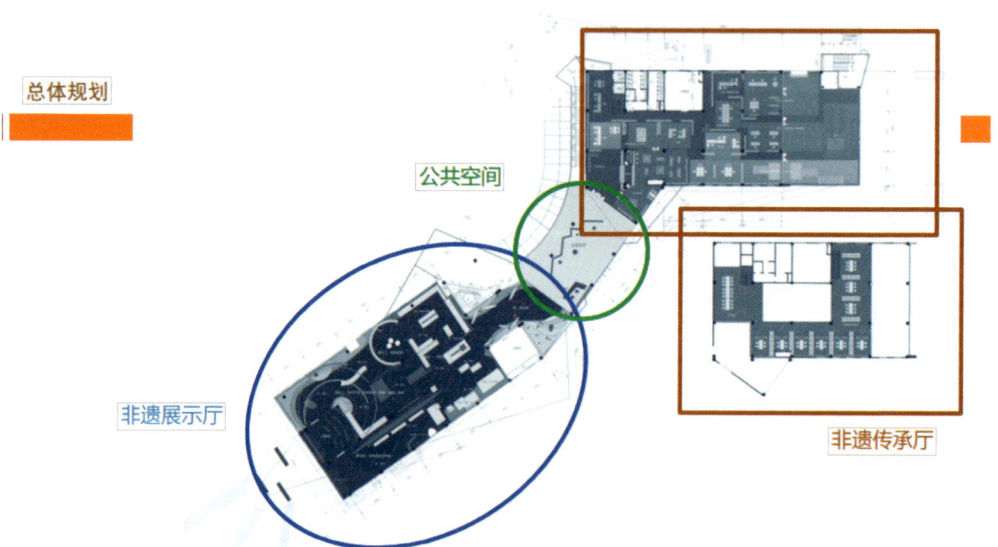

◆·专家论证·◆

场馆功能分区

户外文化景观区

一组户外艺术装置,设置于从园区入口到贵州省非遗博览馆的步道四周,主要呈现非物质文化遗产小知识,包括非物质文化遗产保护的起源、贵州非物质文化遗产传承过程的重要时间节点、非遗保护的重要性和必要性。该组艺术装置的造型样式融入整体园区环境,设计风格与贵州省非遗博览馆建筑、植被景观相协调。同时,建筑材料和肌理材料具备易于维护、经久耐用的特性。

◆·设计图·◆

非遗展示厅

◆◆ 非遗展示厅设计图 ◆◆

设计理念：非物质文化遗产展示厅精选贵州境内最具代表性的十类国家级非物质文化遗产代表性项目，按相似性划分为四大展区，以"大展区、小分组"的原则，整合各遗产项目，构筑相对有序、独立的参观区。各分区之间又有交互，例如，芦笙制作技艺、苗族芦笙舞、跳花节以芦笙为连接点，分别展示了其技艺、功能和文化意义三个层面的信息。

呈现方式：序厅空间以"地形""典型植物""季节"为概念，综合运用投影、舞台灯、艺术造型等手段，营造丰富、多变的影像世界。

展区一：建筑、用品、服饰、银饰、乐器。

展区二：戏剧、古歌史诗、传统歌舞。

展区三：医药、竞技。

展区四：节庆习俗。

传承与传播

非遗传承厅

设计理念：非物质文化遗产传承厅以原生态的活态现场演示为核心，引入多家非物质文化遗产生产性保护示范基地，开设大师工作坊与师徒传承室，作为非遗项目现场演示、研发与教学传承的主要场所。展厅分两层，一层用于活态演示及非遗产品售卖，二层为传承人工作室与学艺传承区。

呈现方式：非遗传承厅在设计元素、色调、形式等方面都与非遗展示厅有所呼应，空间视觉上更通透；装修上采用先进环保及轻质的材料，方便后期的布展；功能上做到展具、隔墙可灵活组合。

区域一：活态演示区。

区域二：非遗体验区。

区域三：非遗产品展销区。

◆·非遗传承厅设计图·◆

传承与传播

初启 肇建布局

013

三　施工

施工总体目标

贵州省非遗博览馆作为多彩贵州文化展示中心建设的重点工程，其施工质量、施工管理都必须高标准、严要求。施工方派出最精干的管理人员和工程技术力量，组建强有力的工程现场指挥部，调度各专业技术人员，建立完善了施工组织机构和岗位责任制。

工程施工全过程按科学规范组织施工，有计划地开展各分项工程的施工，保证各种材料和劳动力的及时供应；施工方协调各工序之间的时间安排，保证施工的顺利进行，按期保质完成施工任务。

◆·施工现场·◆

初启 肇建布局

015

传承与传播

初启

肇建布局

初启

肇建布局

·· 专家指导 ··

传承与传播

初启　肇建布局

四　呈现

◆·布展·◆

初启　肇建布局

023

传承与传播

苗族鼓藏节
苗族鼓藏节
Guzang Festival of Miao Ethnic Group
苗族栽岩习俗
苗年
Spring Festival of Miao Ethnic Group

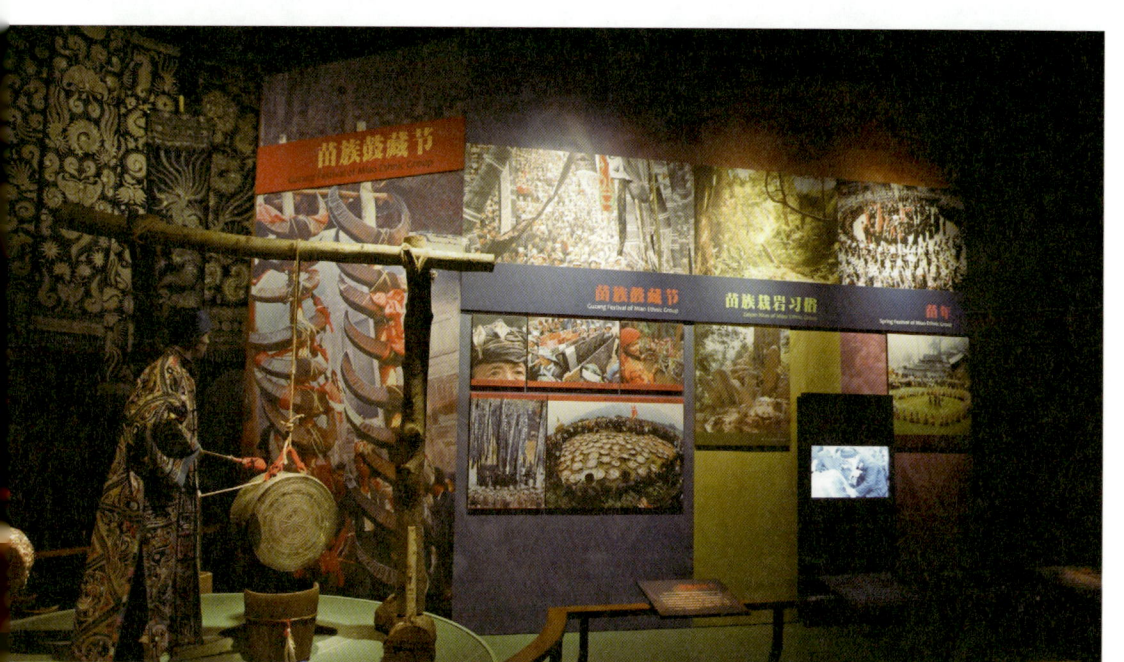

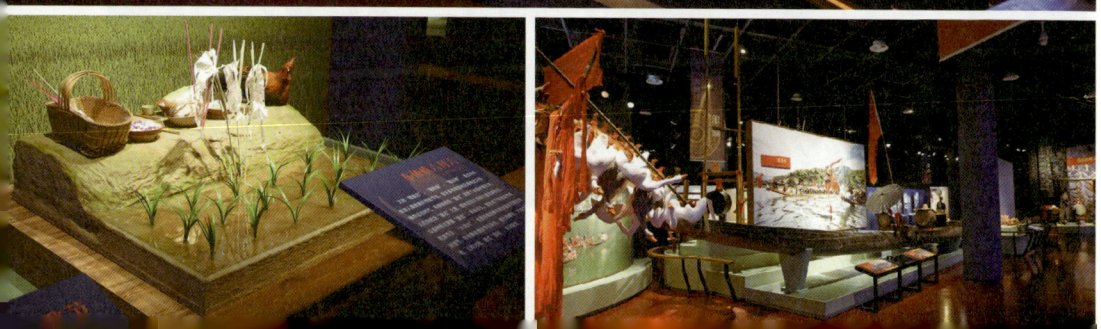

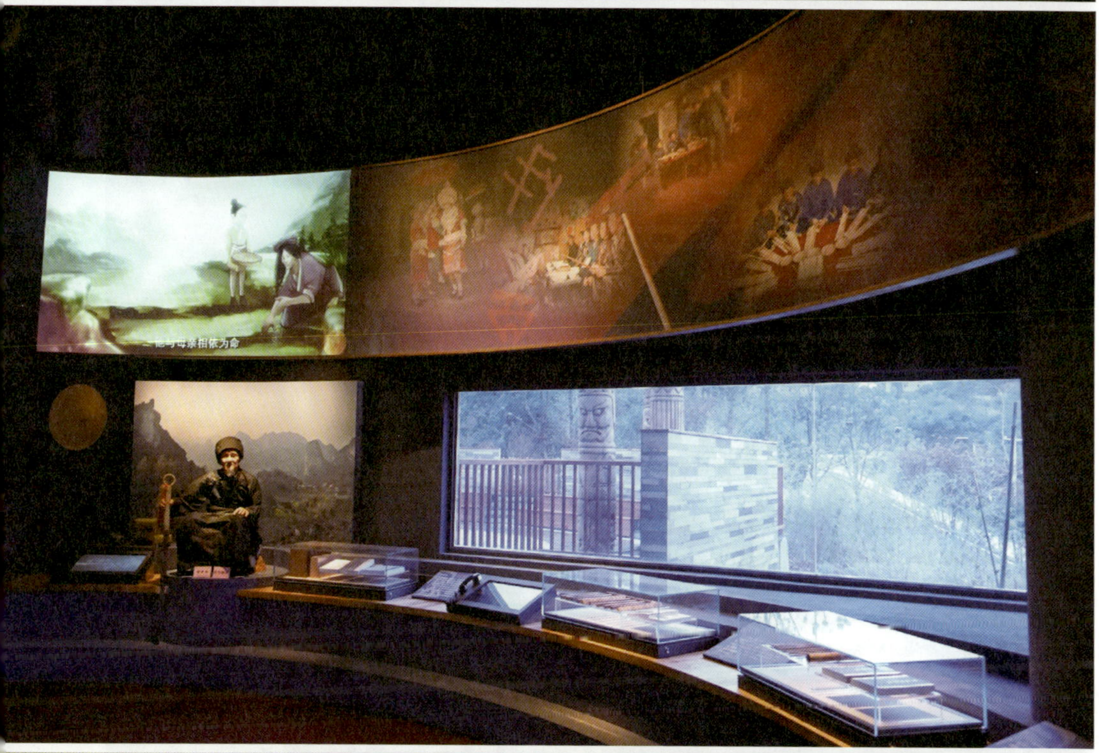

传承与传播

传承与传播

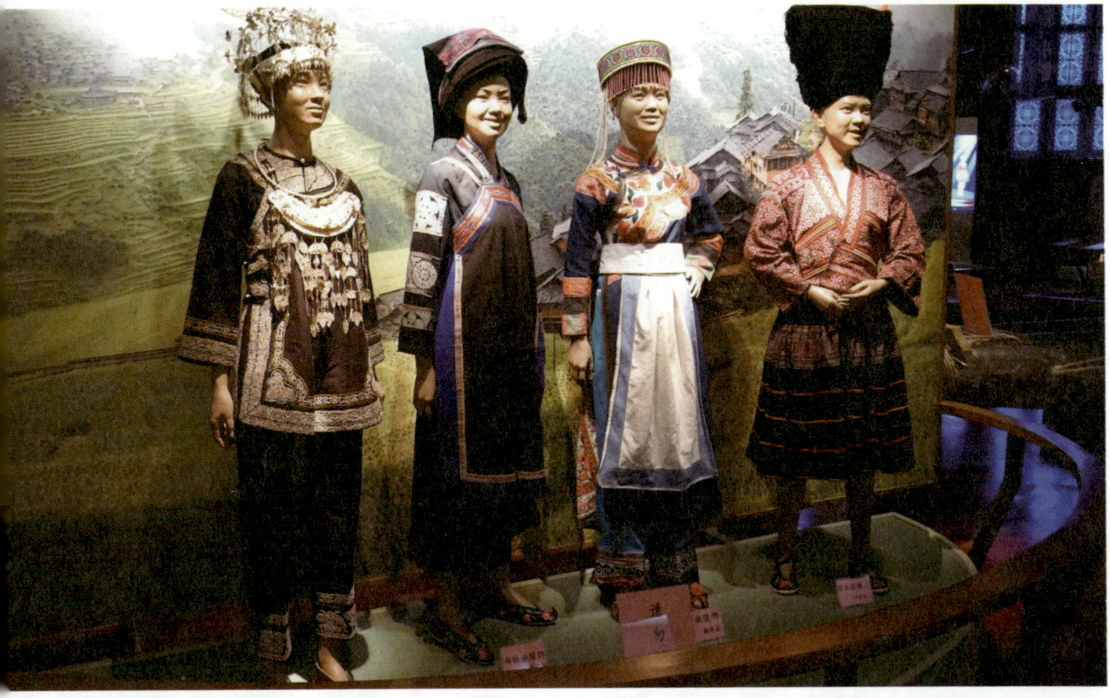

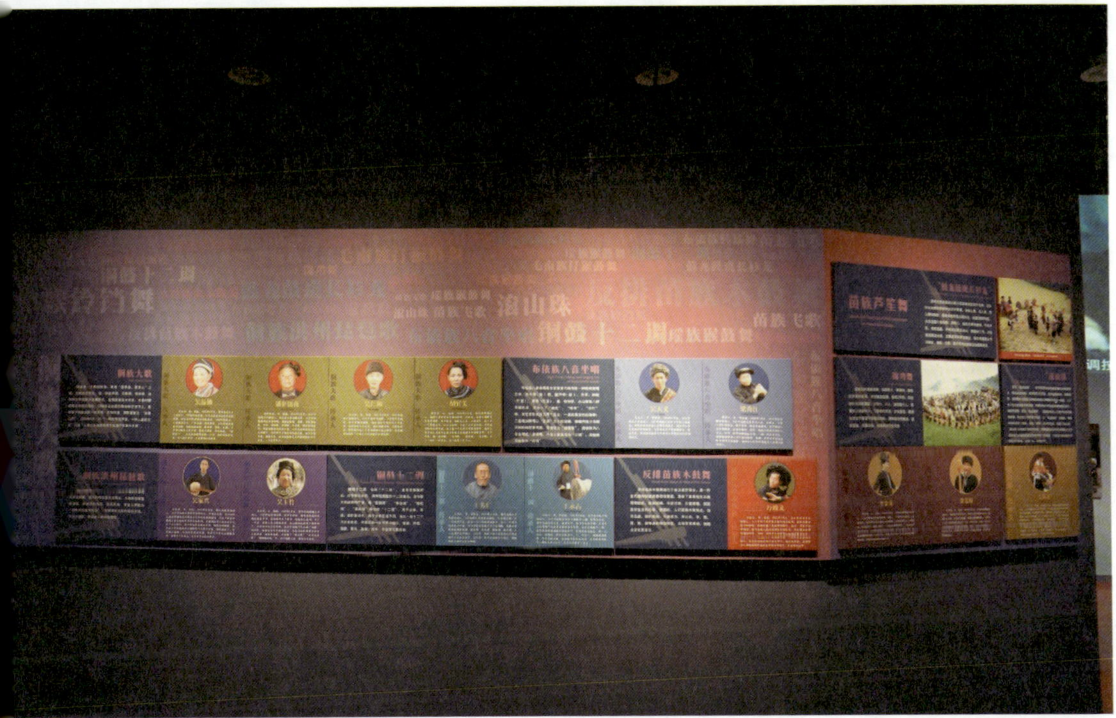

侗族大歌
布依族八音坐唱
铜鼓十二调
反排苗族木鼓舞
苗族芦笙舞

历史悠久的独木龙舟安家贵州省非遗博览馆

2015年7月16日,一艘有一百多年历史的龙舟安家贵州省非遗博览馆,来自台江县施洞镇小河苗族村的7名寨老为独木龙舟进行了扎竹篾,捆红布,扬彩旗,唱颂苗族古辞的传统仪式。

独木龙舟安家贵州省非遗博览馆后,成为镇馆之宝。

◆·独木龙舟进馆和安装·◆

传承与传播

初启 肇建布局

传承与传播

034

CHUAN CHENG

生生不息

为一座馆，赴一座城。

步入 21 世纪，我们看到，祖辈们沿袭下来的生活方式、文化传统正一点点地被现代生活所湮没。就在非物质文化遗产面临随时可能消失的风险时，中国非物质文化遗产保护工作全面启动了。顺应时势，贵州省非遗博览馆建成并投入使用。

贵州省非遗博览馆集展示展演、收集收藏、学术研究、公共教育、文化交流、传承传播于一体，是贵州非物质文化遗产保护的重要机构，通过静态与动态结合的方式，展现非遗项目的整体面貌及精神内核；贵州省非遗博览馆又是城市文化客厅，集中展示本土多彩文化，具有鲜明的地域文化特征，是我们共同的"文化记忆"；同时，贵州省非遗博览馆还是乡土文化教育实践基地、爱国主义教育基地，是贵州文化符号的集结，是人们乡情乡愁的寄托之地。

一 开馆

　　2015年7月24日,贵州省非遗博览馆开馆,开馆当天,正值首届多彩贵州文博会开幕,多姿多彩的非物质文化遗产展示展演成为最大的亮点。
　　博览馆内独具特色的非遗展演、趣味性强的互动体验,用一种全新的视角,展示了贵州各民族文化与生活的多样性、独特性和原生性。这一天,观众如潮,有的来鉴赏,有的来体验,有的来感受,不同观众带着不同的眼光和思考来到贵州省非遗博览馆,他们情绪炽热,兴奋地咨询,认真地体验,表达了对贵州非物质文化遗产的喜爱之情。

◆·· 开馆现场 ··◆

贵州省非物质文化遗产博览馆
Guizhou Intangible Cultural Heritage Museum

传承 生生不息

贵州省非物质文化遗产博览馆
Guizhou Intangible Cultural Heritage Museum
展 示 厅
Expo Hall

传承
生生不息

046

传承　生生不息

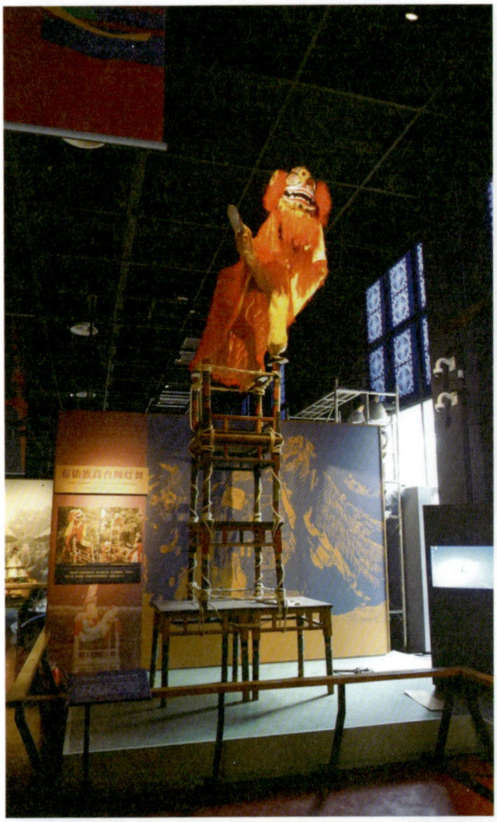

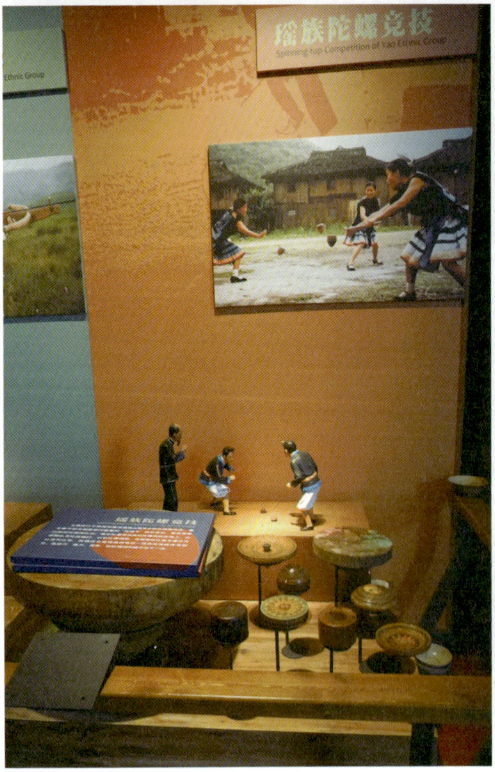

传承与传播

苗族跳花节

节日在每年正月初七、初八、初九的花坡上举行跳花活动，传说节日是苗族古代英雄祖先亚鲁王兴起的祭祀祖先的节日，节日由一系列仪式组成。苗族人通过节日欢庆以期达到人与人和谐，人与自然和谐的目的。

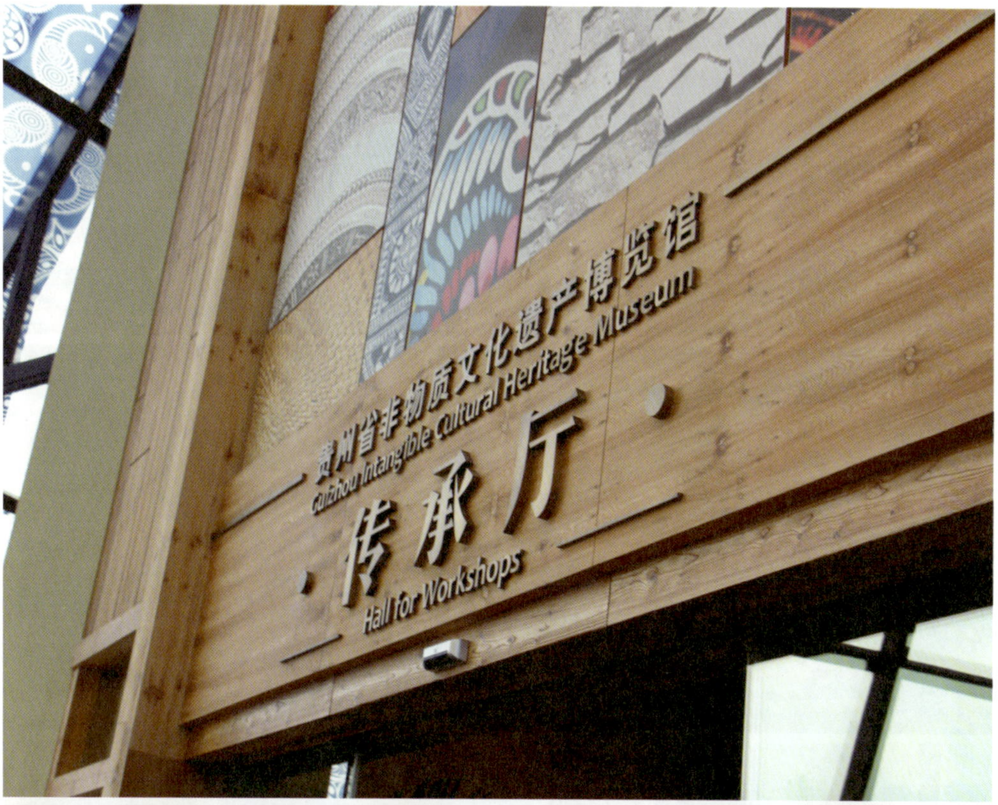
贵州省非物质文化遗产博览馆
Guizhou Intangible Cultural Heritage Museum
传承厅
Hall for Workshops

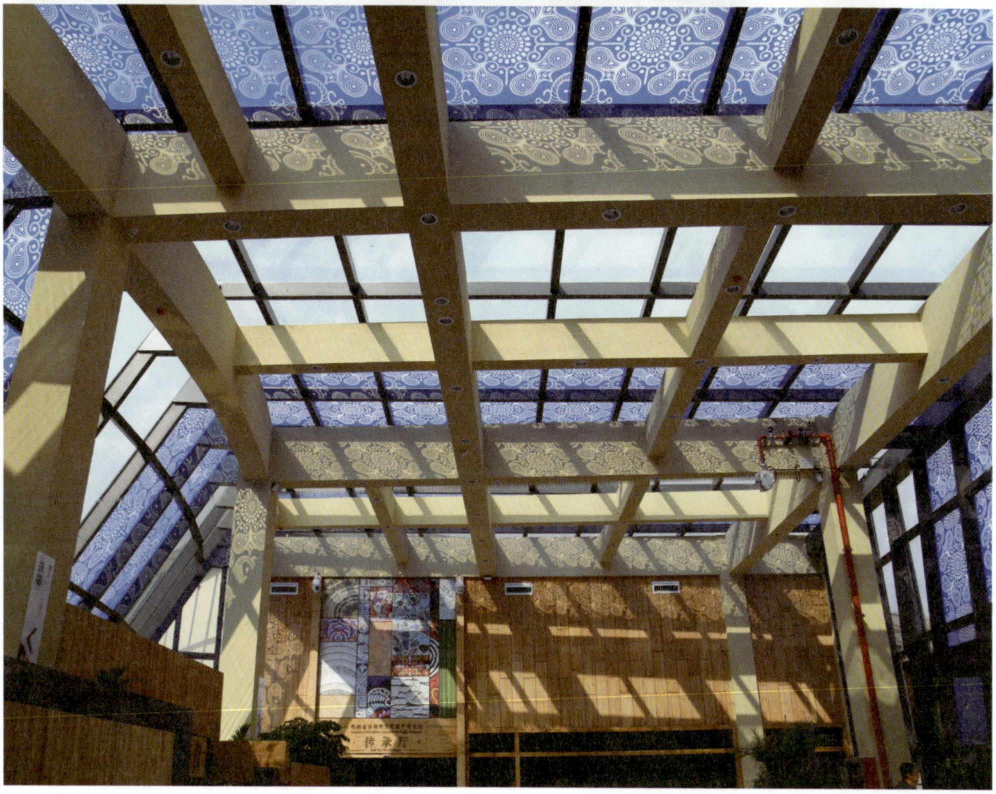

传承与传播

传承 生生不息

传承与传播

传承 生生不息

二 大山宝藏

贵州各民族同胞在长期的历史积淀和文化创造中，传承了农耕文明延续下来的多姿多彩的非物质文化遗产。截至 2023 年 12 月，贵州省有人类非物质文化遗产代表作名录 3 项，国家级非物质文化遗产代表性项目 99 项 159 处，贵州省级非物质文化遗产代表性项目 628 项 1025 处，市（州）级非物质文化遗产代表性项目 2000 余项，县（区）级非物质文化遗产代表性项目 5000 余项。

这些非物质文化遗产代表性项目都具有鲜明的民族和地域特色，反映了贵州各族人民特有的人文精神，具有重要的文化价值。这些遗产汇聚了贵州先民传承至今的生活智慧，是贵州向人类奉献的精神文化财富。它们源自贵州"八山一水一分田"的自然环境，也来自贵州世居民族世代口耳相传的生活经验。贵州各民族"大杂居、小聚居"的生活方式，成就了丰富多彩的非物质文化遗产，也为其延续发展提供了包容、尊重的大环境，让民族文化得以传承，生生不息。

◆ 藏品展示 ◆

057

传承

生生不息

传承 生生不息

传承与传播

062

传承 生生不息

传 生生不息……

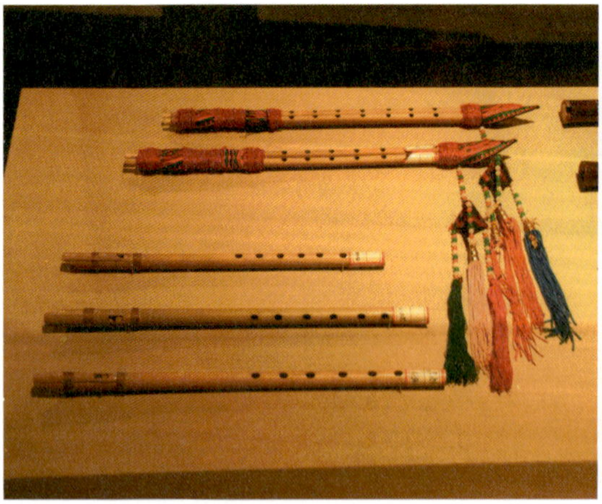

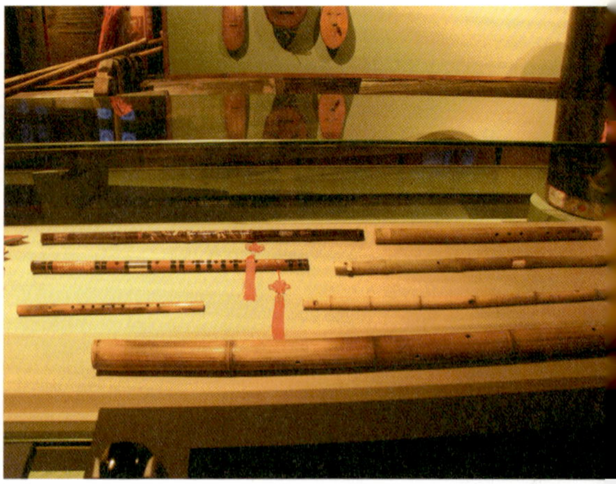

传承与传播

传承与传播

传承　生生不息

传承与传播

传承　生生不息

传承 生生不息

073

国家级非物质文化遗产代表性传承人简介

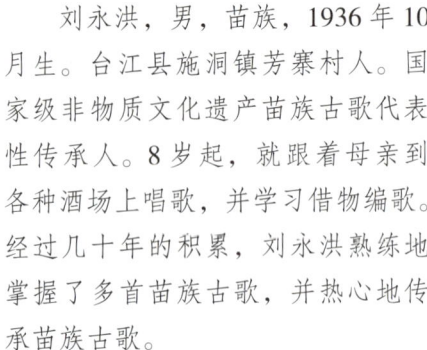

刘永洪,男,苗族,1936年10月生。台江县施洞镇芳寨村人。国家级非物质文化遗产苗族古歌代表性传承人。8岁起,就跟着母亲到各种酒场上唱歌,并学习借物编歌。经过几十年的积累,刘永洪熟练地掌握了多首苗族古歌,并热心地传承苗族古歌。

龙通珍,女,苗族,1931年11月生。黄平县谷陇镇谷陇村人。国家级非物质文化遗产苗族古歌代表性传承人。5岁就跟随母亲和祖母学唱古歌。几十年来,她熟谙叙事古歌、盘歌对唱、山歌小调等,同时严谨传艺,受她传授的苗族歌手已有二百多人。

吴治光，男，苗族，1946年9月生。施秉县人。国家级非物质文化遗产刻道代表性传承人。因坚持不懈地学习苗族刻道的符号和内容，最终成为当地有名的歌师。他演唱技艺出众，坚持传艺，收徒标准严格。

吴治光　苗族　刻道

吴品仙，女，侗族，1945年8月生。黎平县永从镇三龙村人。国家级非物质文化遗产侗族大歌代表性传承人。6岁起开始学歌，13岁被选入中央民族歌舞团当侗歌演员。1996年退休后，在家乡教唱侗歌。她熟悉拦路歌、敬酒歌、赞歌、礼歌、多声部大歌等五百多首侗族歌曲，能独立对歌，即兴编歌。

吴品仙　侗族　侗族大歌

吴仁和,男,侗族,1931年4月生。从江县高增乡高增村人。国家级非物质文化遗产侗族大歌代表性传承人。10岁开始学唱侗歌,16岁登台演侗戏,25岁能编戏编歌。他改编和自编侗戏三十余部,编创侗歌五百余首,并以侗歌为伴、以传歌为业。他所掌握的近两千首侗歌曲目毫无保留地传承给了下一代。

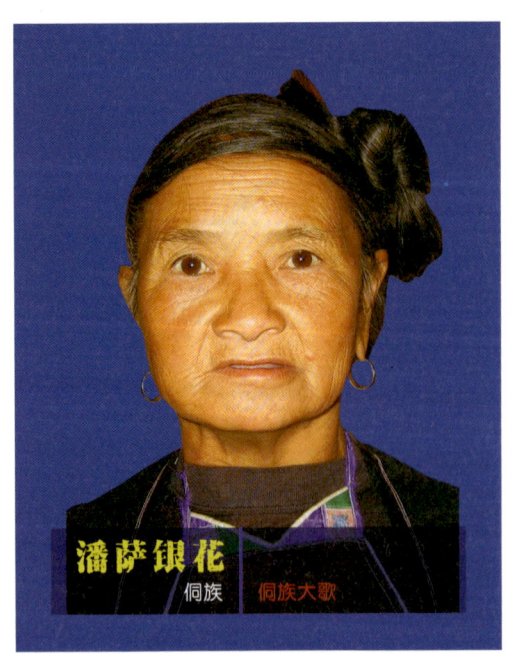

潘萨银花,女,侗族,1943年5月生。从江县高增乡小黄村人。国家级非物质文化遗产侗族大歌代表性传承人。13岁时就能唱数百首侗歌,精通礼俗歌、情歌、历史传说歌、古歌等,掌握侗歌近两千首。她以传歌为荣,以教歌为乐。

胡官美，女，侗族，1955年9月生。榕江县栽麻镇宰荡村人。国家级非物质文化遗产侗族大歌代表性传承人。她的父亲曾是侗乡的老歌师，小时候她每天都跟着父亲学唱歌。她一边学歌，一边对歌，一边传歌，传唱教授学生二百多人。

胡官美 侗族 | 侗族大歌

吴家兴，男，侗族，1942年12月生。榕江县寨蒿镇晚寨村人。国家级非物质文化遗产侗族琵琶歌代表性传承人。15岁开始学弹琵琶、学唱琵琶歌。他能编唱新歌，逢年过节常被邀请到各地歌堂与女歌手对歌。他教出了吴兆文、吴长良等出色的歌手。

吴家兴 侗族 | 侗族琵琶歌

吴玉竹，女，侗族，1967年6月生。黎平县尚重镇务弄村人。国家级非物质文化遗产侗族琵琶歌代表性传承人。12岁开始学唱侗歌，师从吴仕恒，她擅长编歌，当地民间举办文娱活动，她都要编歌，先后编了《敬老歌》《起房造屋歌》《婚姻嫁娶歌》等侗歌，共计五百余首。

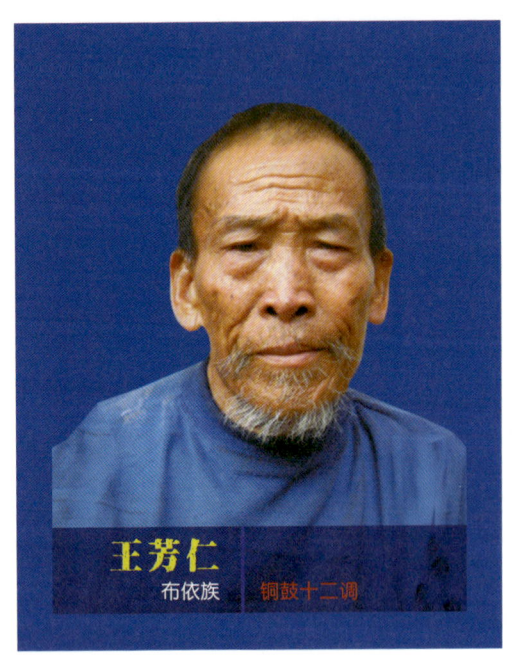

王芳仁，男，布依族，1932年10月生。镇宁布依族苗族自治县扁担山镇革老坟村人。国家级非物质文化遗产铜鼓十二调代表性传承人。5岁起跟父亲学敲铜鼓，到40岁时已十分娴熟，能敲出祭祀调、敬鼓调、喜庆调、祭鼓调、散花调、三六九调等各种调式。

王永占，男，布依族，1941年2月生。贞丰县小屯镇纳秧村人。国家级非物质文化遗产铜鼓十二调代表性传承人。20岁开始跟堂哥学习铜鼓十二调，熟练掌握铜鼓的演奏技巧。他积极开展传承活动，先后教授了十多个学生。

王永占
布依族　铜鼓十二调

李金英，女，苗族，1965年8月生。丹寨县排调镇羊先村人。国家级非物质文化遗产苗族芦笙舞（锦鸡舞）代表性传承人。八九岁跟母亲学跳锦鸡舞，经过各种场合的锻炼，她的锦鸡舞动作更加娴熟。目前她在排调镇协助家人制作芦笙，常常召集年轻人来家里教授锦鸡舞，同时还制作锦鸡舞服饰等。

李金英
苗族　苗族芦笙舞（锦鸡舞）

余贵周,男,苗族,1965年3月生。丹寨县排调镇麻鸟村人。国家级非物质文化遗产苗族芦笙舞(锦鸡舞)代表性传承人。他不仅是做芦笙的能手,还是跳锦鸡舞的高手。他舞蹈动作娴熟优美,善于融会贯通。

王景才,男,苗族,1968年2月生。纳雍县猪场乡新春村人。国家级非物质文化遗产苗族芦笙舞(滚山珠)代表性传承人。他从小跟随舅舅学习芦笙舞。1984年加入纳雍民族杂技艺术团,他将学到的杂技技巧融入"地龙滚荆"中,将其改编成集芦笙吹奏、舞蹈表演、技巧艺术于一体的完整舞蹈,即"滚山珠"。

万政文，男，苗族，1951年2月生。台江县方召镇反排村人。国家级非物质文化遗产木鼓舞（反排苗族木鼓舞）代表性传承人。七八岁时开始学敲木鼓和跳木鼓舞，通过苦练，很快掌握了木鼓舞的技艺，成为一名鼓手和舞蹈者。他认真教授学生，直到每个学生都熟练掌握木鼓舞的各种技巧，才让他们出师。

万政文
苗族　木鼓舞（反排苗族木鼓舞）

秦治凤，女，苗族，1961年2月生。思南县思唐街道人。国家级非物质文化遗产花灯戏（思南花灯戏）代表性传承人。9岁便随外祖母、母亲学习思南土家族花灯戏表演和土家族山歌。她挖掘整理出不少花灯戏原生态唱腔和土家族山歌，还培养了众多思南花灯戏后继人才。

秦治凤
苗族　花灯戏（思南花灯戏）

刘芳，女，侗族，1962年2月生。思南县人。国家级非物质文化遗产花灯戏（思南花灯戏）代表性传承人。师从刘朝生，为了寻访老艺人学艺，她时常翻山越岭，向老艺人讨教。她具备编创、导演花灯戏的能力，并积极传承。

刘胜杨，男，汉族，1936年1月生。思南县文家店镇龙山村人。国家级非物质文化遗产花灯戏（思南花灯戏）代表性传承人。他6岁开始随父学艺，掌握了花灯戏、花灯歌舞、傩戏等表演技艺。

张启高，男，侗族，1962年8月生。黎平县茅贡镇腊洞村人。国家级非物质文化遗产侗戏代表性传承人。从小就跟舅舅登戏台唱侗戏，后跟师傅吴世龙学唱侗戏和创作侗戏，他创作了不同题材、不同演唱形式的侗戏八十多部，深受观众喜爱。

吴胜章，男，侗族，1948年11月生。黎平县茅贡镇地扪村人。国家级非物质文化遗产侗戏代表性传承人。10岁开始跟随第四代侗戏师傅吴照全学唱侗戏，他创作了七十多部侗戏，编导和出演了一百多部传统侗戏。

罗国宗，男，布依族，1925年9月生。册亨县弼佑镇人。国家级非物质文化遗产布依戏代表性传承人。自小喜好吹拉弹唱布依族民歌。1948年，他创立了弼佑布依戏队，担任戏师、乐师，并根据史实自编自演了十多部剧目。

文道华，男，彝族，1944年6月生。威宁彝族回族苗族自治县板底乡曙光村人。国家级非物质文化遗产彝族撮泰吉代表性传承人。12岁开始跟随父亲学习撮泰吉，经刻苦钻研终于熟练掌握。2002年10月，他收外侄罗晓云为徒，毫无保留地传唱教授撮泰吉。

张月福，男，土家族，1950年10月生。德江县稳坪镇铁坑村人。国家级非物质文化遗产傩戏（德江傩堂戏）代表性传承人。自小跟随祖父、父亲学习傩戏，后师从赵法胜等人。从艺四十多年里，他将傩技、傩舞等毫无保留地传授给弟子，先后传授弟子三十余人。

安永柏，男，土家族，1964年10月生。德江县稳坪镇人。国家级非物质文化遗产傩戏（德江傩堂戏）代表性传承人。出生于傩戏世家，从小受傩戏熏陶，15岁开始随父亲学习傩艺、傩戏等。他将傩技、傩舞等毫无保留地传授给弟子，要求弟子忠于师坛，不能中途放弃。

詹学彦
汉族 | 安顺地戏

詹学彦，男，汉族，1950年5月生。安顺市西秀区旧州镇詹家屯村人。国家级非物质文化遗产安顺地戏代表性传承人。9岁就在父亲、叔父的指导下学跳地戏。后来，成为《三国》戏队的第十六代传人。

饶世光
仡佬族 | 木偶戏（石阡木偶戏）

饶世光，男，仡佬族，1944年4月生。石阡县坪山乡沙坪村人。国家级非物质文化遗产木偶戏（石阡木偶戏）代表性传承人。9岁开始跟随文华戏班学艺，后熟练掌握了木偶戏的全套表演技艺，特别擅长吹、拉乐器，他还在唱词和唱腔上加以改进和创新。

付正华，男，侗族，1931年11月生。石阡县花桥镇花桥村人。国家级非物质文化遗产木偶戏（石阡木偶戏）代表性传承人。出生于木偶戏世家，12岁时随父亲学艺，1956年，加入石阡县文化馆木偶表演剧团，后来成为泰洪班班主，是该戏班第七代传人。现在，他在石阡民族中学开班教授木偶戏技艺。

梁秀江，男，布依族，1955年1月生。兴义市巴结镇田寨村人。国家级非物质文化遗产布依族八音坐唱代表性传承人。9岁开始跟随父亲学习，后拜布依族老艺人罗老卜为帅。出师后，在八音队伴奏，他可以根据八音曲调编曲、套曲并填词。

吴天玉　布依族　布依族八音坐唱

吴天玉，男，布依族，1954年8月生。兴义市则戎镇平桥村人。国家级非物质文化遗产布依族八音坐唱代表性传承人。9岁开始随父辈学习布依族八音技艺，是演奏八音的高手，又是制作八音演奏乐器的名师。他还教授八音演奏和乐器制作技艺。

莫厌学　苗族　苗族芦笙制作技艺

莫厌学，男，苗族，1951年11月生。雷山县丹江镇水电村人。国家级非物质文化遗产苗族芦笙制作技艺代表性传承人。17岁起随父学习芦笙制作，经过多年磨炼，能制作高排芦笙、多管芦笙、小芦笙、弯芦笙等各式芦笙，其中多管芦笙最受国内外音乐爱好者青睐。

刘泽松，男，侗族，1946年9月生。玉屏侗族自治县人。国家级非物质文化遗产玉屏箫笛制作技艺代表性传承人。15岁到玉屏箫笛厂当学徒，因刻苦钻研、勤奋好学被派到北京、上海、杭州、苏州等地学习，回来后成为玉屏箫笛厂第一任技术组长，并研发了很多新产品。

姚茂禄，男，侗族，1946年12月生。玉屏侗族自治县人。国家级非物质文化遗产玉屏箫笛制作技艺代表性传承人。自1961年到玉屏箫笛厂工作后，他学习雕刻、校音和箫笛制作工艺，发明制造出尺八箫、坝箫，改进二节笛、玉屏竹根箫等产品，获得国内外多项殊荣。

杨光宾,男,苗族,1963年12月生。雷山县西江镇控拜村人。国家级非物质文化遗产苗族银饰锻制技艺代表性传承人。11岁开始跟随父亲学习银饰制作技艺,他勤学好问,很快就掌握了技艺。他擅长打制苗族全套银饰,在实践中积极开拓创新,所制作的银饰不仅造型多样,而且做工精美。

吴水根,男,苗族,1966年2月生。台江县施洞镇人。国家级非物质文化遗产银饰锻制技艺(苗族银饰锻制技艺)代表性传承人。父亲是银匠,他从小跟随父亲从事银饰加工,刻苦钻研,心灵手巧,善于思考,敢于创新,将现代美术和传统民族银饰锻造技艺结合,所制的银饰别具一格。

季克良，男，汉族，1939年4月生。江苏南通人。国家级非物质文化遗产茅台酒酿制技艺代表性传承人。1964年进入茅台酒厂工作，先后拜老酒师郑义兴、李兴发为师，学习茅台酒传统生产工艺。经数十年探索，归纳出茅台酒的高温堆积、高温制曲、高温接酒、低水分入窖、低糖化率、低出酒率等十大生产工艺特点。先后收徒十余人，培养了众多技术拔尖的茅台酒酿制技艺传承人。

季克良
汉族　茅台酒酿制技艺

罗守全，男，布依族，1942年9月生。贵阳市乌当区新堡布依族乡陇脚村人。国家级非物质文化遗产皮纸制作技艺代表性传承人。11岁时跟父亲学造纸，20岁时掌握造纸技艺，成为罗家造纸第三代传人。他沿用父辈传习的技术，以言传身教的方式将古法造纸技艺全部传授给儿子，并在村中发挥"传帮带"的作用，培养出了年轻一代的造纸艺人。

罗守全
布依族　皮纸制作技艺

王兴武
苗族　皮纸制作技艺

王兴武，男，苗族，1966年10月生。丹寨县南皋乡石桥村人。国家级非物质文化遗产皮纸制作技艺代表性传承人。18岁时跟父亲学造纸，后来，他陆续研发出10大系列，160多款手工纸产品，多用于修复老字画、古籍等。2008年，他牵头成立黔山石桥古法造纸专业合作社，与周边农户一起生产、研制纸品，并积极收徒教授古法造纸技艺。

刘世阳
汉族　皮纸制作技艺

刘世阳，男，汉族，1952年9月生。贞丰县小屯镇龙井村人。国家级非物质文化遗产皮纸制作技艺代表性传承人。15岁时就跟父亲学造纸，后掌握了制作"黄金纸"的全部工序。他潜心搜集、整理了白棉纸手工制作技艺资料并完成了研发工作，带动了小屯镇白棉纸生产。

欧海金，男，水族，1934年7月生。荔波县人。国家级非物质文化遗产水书习俗代表性传承人。自幼跟随伯父学习水书，后熟练掌握水书知识。1985年开始从事水书翻译工作。

潘老平，男，水族，1936年3月生。荔波县人。国家级非物质文化遗产水书习俗代表性传承人。自幼跟随祖父、父亲学习水书，参与荔波县水书的编撰工作。此外，他还主持过多次水书习俗活动。

吴廷贵
布依族　布依族盘歌

吴廷贵，男，布依族，1947年8月生。国家级非物质文化遗产布依族盘歌代表性传承人。他从小学习布依族盘歌，自21岁起，就成为当地民间布依族盘歌歌手。目前，他已完全掌握了布依族盘歌，并能随时编唱歌曲。

陈兴华
苗族　亚鲁王

陈兴华，男，苗族，1945年12月生。紫云苗族布依族自治县猴场镇人。国家级非物质文化遗产亚鲁王代表性传承人。16岁时开始跟随堂伯等人学习唱诵苗族英雄史诗《亚鲁王》，20岁出师后在各苗寨主持唱诵《亚鲁王》，并尝试用汉字做记录。唱诵整理了五言体《亚鲁王》三万八千余行。

宋水仙，女，水族，1966年6月生。三都水族自治县中和镇人。国家级非物质文化遗产水族马尾绣代表性传承人。师从著名的马尾绣艺人潘水英，她不仅传承钻研马尾绣，还推动马尾绣产业以及马尾绣技艺的传播。

韦桃花，女，水族，1964年5月生。三都水族自治县中和镇人。国家级非物质文化遗产水族马尾绣代表性传承人。13岁时开始跟母亲学习马尾绣，后来专业从事马尾绣制作，绣品颇受乡邻喜爱。她带领村里的水族妇女制作、销售马尾绣。

陈显月,女,侗族,1964年4月生。锦屏县平秋镇人。国家级非物质文化遗产侗族刺绣代表性传承人。13岁开始跟随母亲学习侗族刺绣。她技艺精湛,作品立体感强。

王阿勇,女,苗族,1944年2月生。丹寨县扬武镇排莫村人。国家级非物质文化遗产苗族蜡染技艺代表性传承人。她从小跟母亲和寨中老人学画蜡画,极具绘画天赋,作品灵动自然。目前从事蜡染的生产、销售工作,并将手艺传授给女儿、儿媳等人。

杨光成，男，布依族，1953年5月生。惠水县雅水镇播潭村人。国家级非物质文化遗产枫香印染技艺代表性传承人。他从小跟随父亲学习枫香印染，是杨家第四代传人。在长期的创作过程中，他不仅继承了父辈的传统绘画图案，还大胆地进行创新，其作品形式多样，造型精美，线条流畅。

杨光成
布依族　枫香印染技艺

吴通英，女，苗族，1951年3月生。台江县施洞镇人。国家级非物质文化遗产苗绣代表性传承人。5岁开始学习刺绣，多年来，她把苗族古歌的故事融入苗绣中，成为同时精通苗绣和苗族古歌的工艺大师。她创办了苗绣坊和苗绣工作室，积极培养苗族妇女学习苗绣。

吴通英
苗族　苗绣

CHUAN BO

驰名天下

　　活态传承是对非物质文化遗产最好的保护，也是非物质文化遗产保护的目的。它区别于以现代科技手段对非物质文化遗产进行"博物馆"式的保护。贵州省非遗博览馆的非遗活态传承传播，主题鲜明，内容广泛，不仅创新了表现形式和内容，还在探索常态化的机制上狠下功夫，使非遗文化活动更贴近民众生活，真正成为民众的节日，并不断推动非遗与现代都市生活的深度融合，让"文化育民、文化励民、文化惠民、文化富民"工程造福百姓，让传承非遗、保护非遗、发展非遗成为全民的自觉行动。

　　2016年6月9日，以"传承非遗·创意贵州"为主题的"首届多彩贵州文化艺术节·非遗周末聚"活动正式启动。非遗周末聚活动旨在进一步扩大非遗在民众中的认知度，充分发挥非遗的文化感召力，引导并鼓励全省广大文化工作者对传统文化的进一步探索。活动以全省非遗项目的展示展演为主线，一周巡演一县，做到周周有主题、县县有精彩。

"非遗周末聚""非遗课堂"是贵州具有里程碑意义的非遗公益性文化活动，自2016年启动以来，成为"传承非遗、文化惠民"和"人人参与文化、人人享受文化、人人建设文化"的示范项目，成为贵州非遗及创意产品展示推广的第一品牌，成为集中彰显多彩贵州民族特色文化魅力的重要窗口，受到了各级领导的高度关注和肯定，并得到了业内专家和民众的广泛赞誉。

2016年6月9日,雷山县非遗周末聚上,有敬酒歌、迎鼓藏、高排芦笙舞等文艺演出,重点展现了雷山县13项国家级非物质文化遗产项目。

2016年6月18日，贞丰县非遗周末聚上，贵州省非物质文化遗产铜鼓十二调代表性传承人余雁伟为大家介绍铜鼓十二调的起源、发展、演奏方法以及相关习俗。

2016首届多彩贵州文化艺术节

2016首届多彩贵州文化艺术节
非遗展示篇

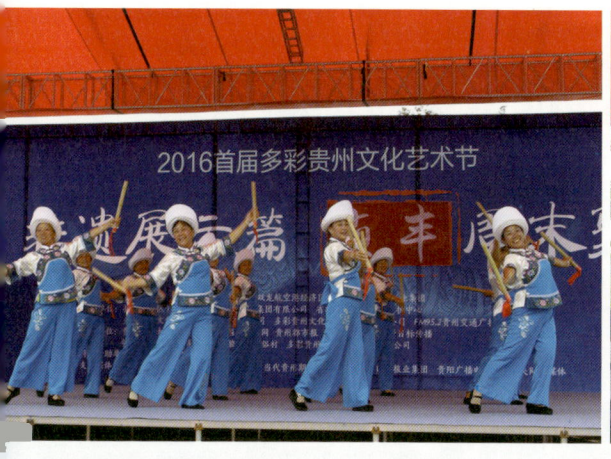

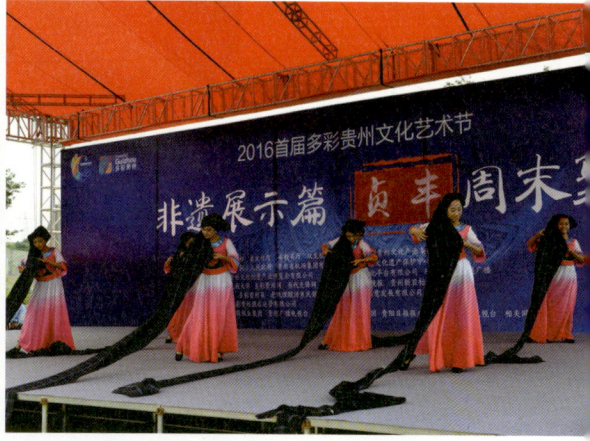

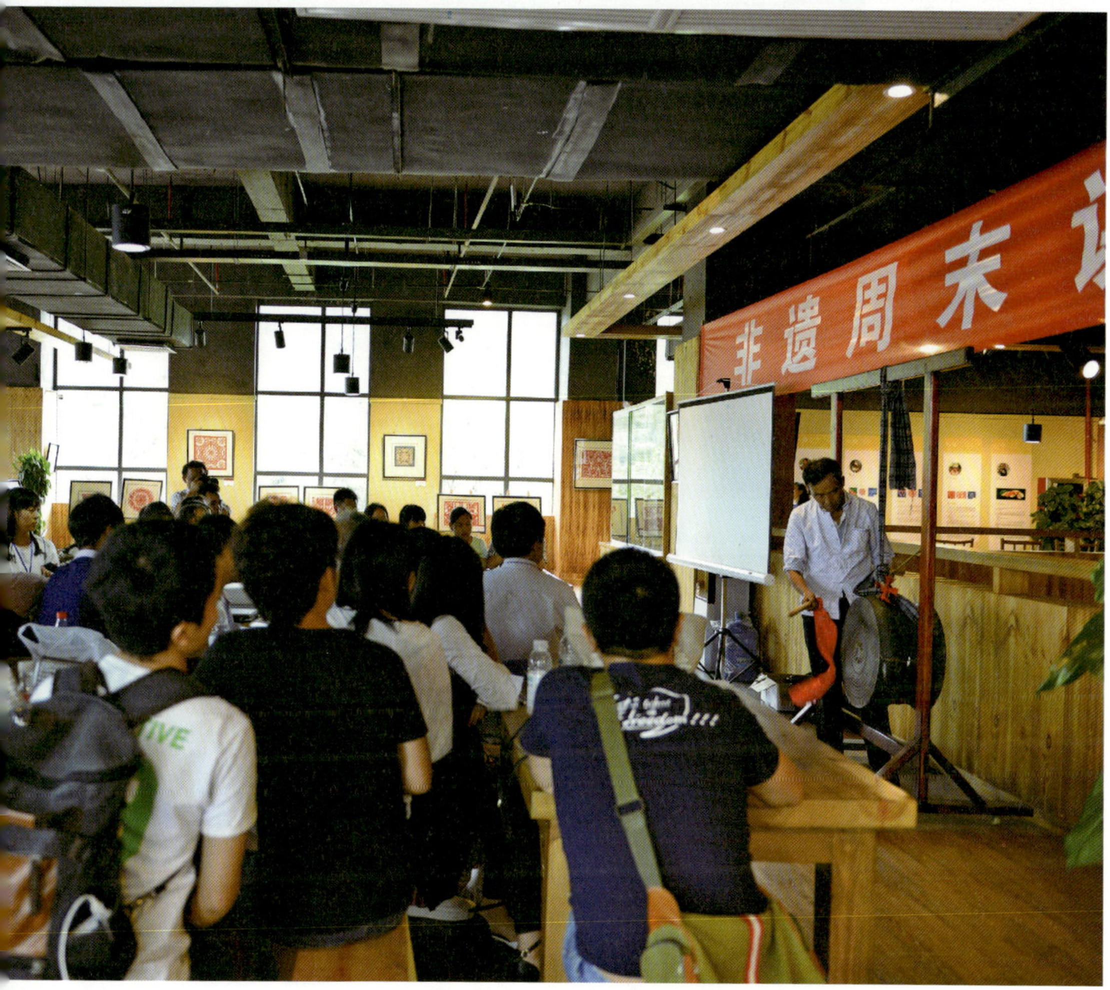
非遗周末

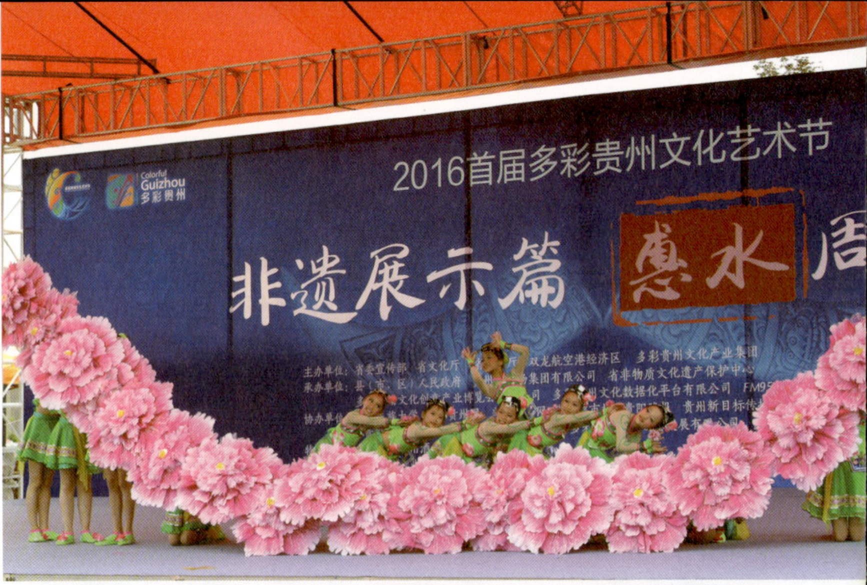
2016首届多彩贵州文化艺术节
Colorful Guizhou 多彩贵州
非遗展示篇

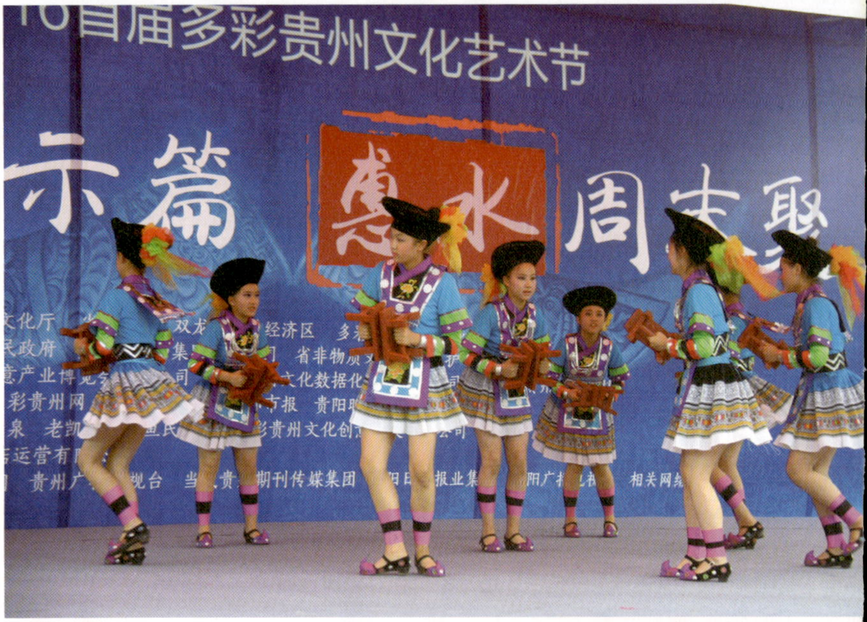
首届多彩贵州文化艺术节

2016首届多彩贵州文化艺术节
非遗展示篇

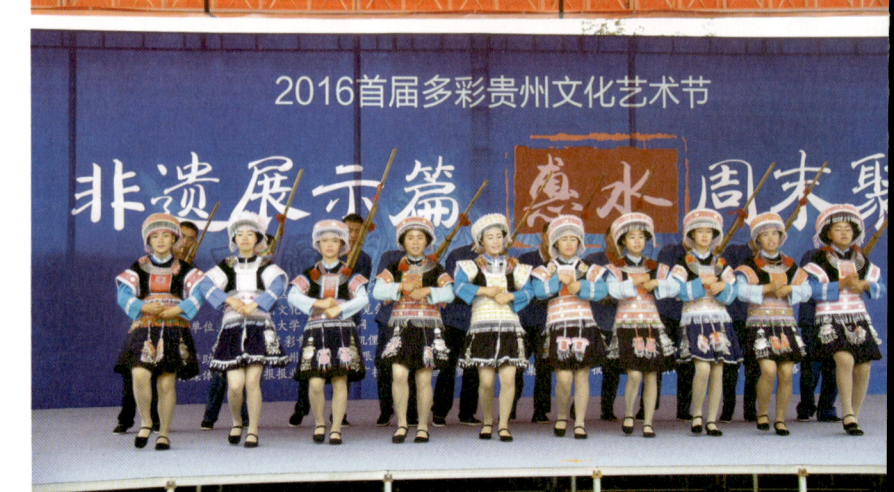

2016年6月25日,惠水县非遗周末聚上有喜庆的《粑棒舞》《刷把舞》,有欢快的《花棍舞》《转场舞》,还有舒缓的《香花舞》。精彩的节目让现场的观众掌声不断,很多观众还与演员们一起跳起了舞蹈。

2016年7月2日，独山县非遗周末聚上有花灯舞蹈《悠悠花扇情》，布依族舞蹈《响篙声声》，还展示了布依族精美的刺绣背带，让观众赞不绝口。

传播 驰名天下

2016年7月9日，台江县非遗周末聚上，不仅有《盛装踩鼓舞》《欢乐苗家》《苗族飞歌》《反排木鼓舞》等节目，还为观众展示了苗族嘎百福等民俗，精彩的节目、美味的食物吸引了众多观众。

2016首届多彩贵州文化艺术节
台江
周末聚

2016首届多彩贵州文化艺术节

2016首届多彩贵州文化艺术节

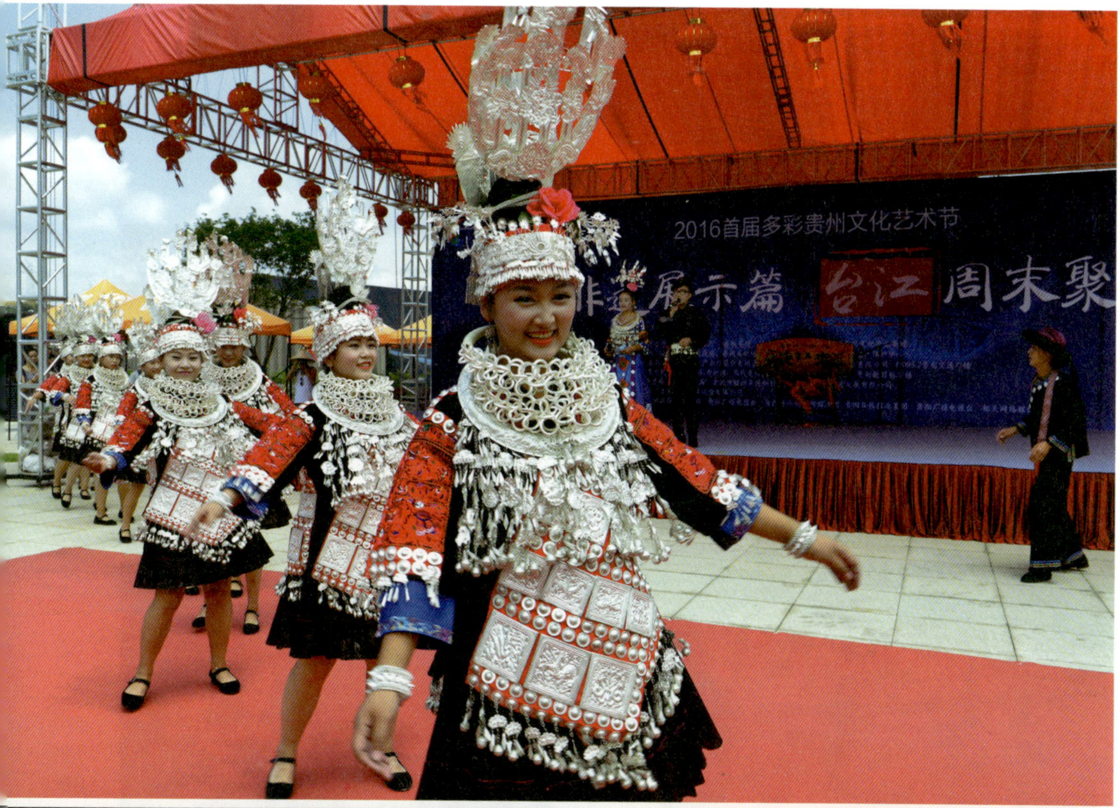

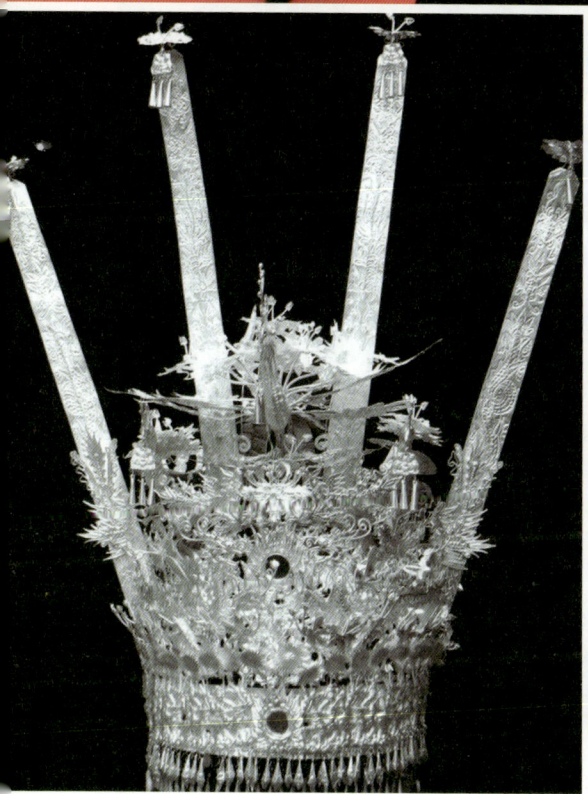

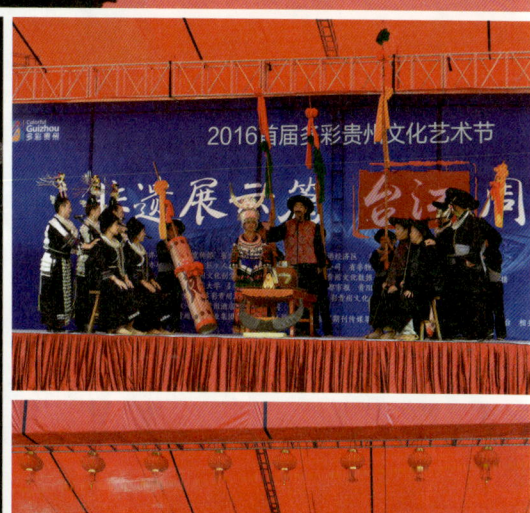

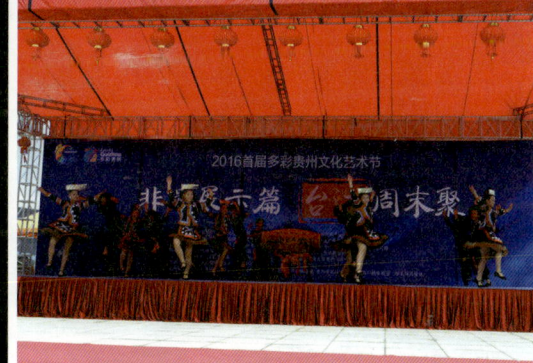

2016年7月16日,麻江县非遗周末聚活动上有精彩的歌舞展演,有特产展示展销,非遗的传播展示让观众近距离地领略了麻江的风土人情。

传播

驰名天下

传承与传播

2016年7月24日,"高原硒谷·诗画开阳"开阳县非遗周末聚上有精彩的舞狮表演,有传统的歌舞表演,还有传统技艺展示。

2016年7月30日,"灵秀正安"正安县非遗周末聚上上演了原生态的非遗节目,同时,观众还能品尝到正安土特产品。

传播

驰名天下

2016年8月6日,"大美织金"织金县非遗周末聚上,民族乐器演奏、歌舞表演等节目精彩纷呈。

传播

驰名天下

传承与传播

2016年8月13日,"神秘从江"从江县非遗周末聚上,从江带来了极具民族特色的歌舞表演,让观众享受了一场独特的视听盛宴。

2016年8月20日,"神秘仡佬·养生道真"道真仡佬族苗族自治县非遗周末聚上仡佬族傩戏、吹打乐器、剪纸、木雕、刺绣等表演,把活动推向了高潮。

传承与传播

2016年8月27日，"侗都黎平·颐养胜地"黎平县非遗周末聚上，观众可以唱侗歌、吃乡食，体验原生态的侗族传统习俗，品尝原汁原味的美食。

2016年9月3日,"温泉之城·长寿石阡"石阡县非遗周末聚上,具有"石阡三件宝"美誉的石阡仡佬毛龙、石阡木偶戏、石阡说春三项国家级非物质文化遗产项目惊艳亮相。

茶
温泉之城 长寿石阡
唱唱跳跳健身益寿
吹吹打打送吉迎祥
風調雨順家家樂

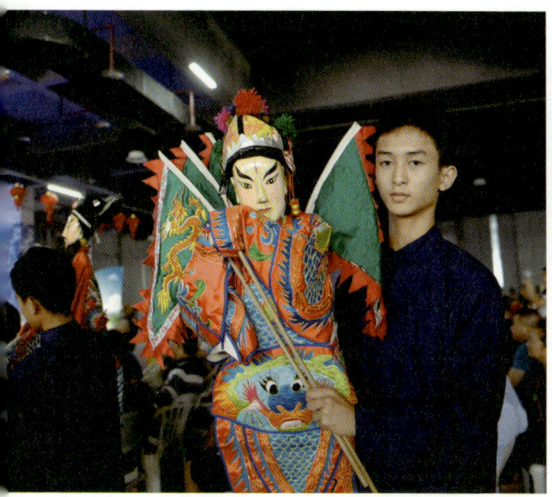

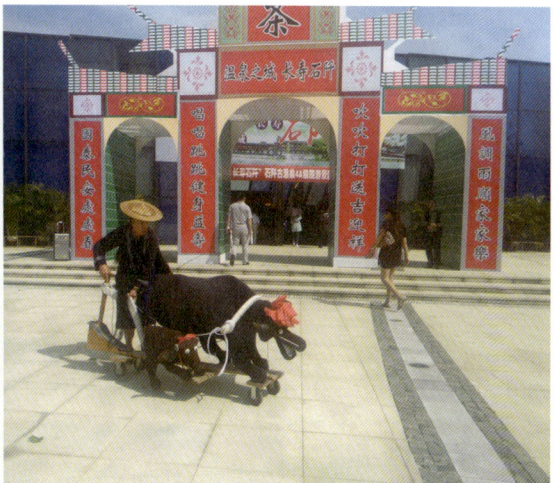

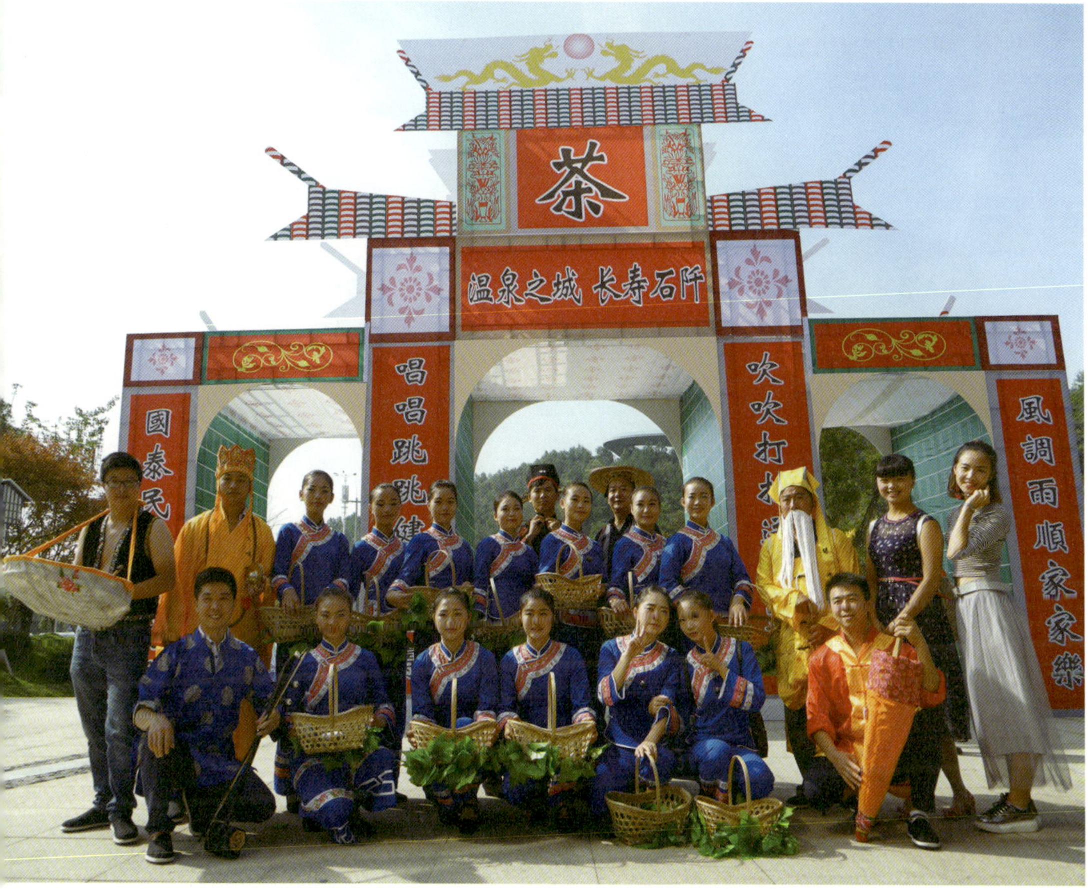
茶
温泉之城 长寿石阡
唱唱跳跳健
吹吹打打
國泰民
風調雨順家家樂

传承与传播

2016年9月10日,"云上丹寨"丹寨县非遗周末聚上,苗族锦鸡舞、原生态舞蹈《簸箕寨的簸箕舞》、歌曲《木叶声声》等节目把观众带进大山深处,感受独特的民族风情。

2016年9月24日,"浪漫草海·神秘乌撒"威宁彝族回族苗族自治县非遗周末聚上《阿西里西》《铃铛舞》《桐鼓舞》《撒麻舞》等震撼登场。

传承与传播

2016年10月1日,"太极养生·古城福泉"福泉市非遗周末聚上,苗族舞蹈《板凳声声》、阳戏《三英战吕布》、舞蹈《杀鱼三月三》等吸引了众多观众。

2016年10月15日,"奢香故里·古彝圣地"大方县非遗周末聚上彝族《铃铛舞》、大方漆器、农民画等亮相,获得观众好评。

传播　驰名天下

传承与传播

2016年11月5日,"苗疆圣水·生态剑河"剑河县非遗周末聚上非遗歌舞、非遗技艺、工艺品展示、特色美食等,让观众记忆深刻,流连忘返。

2016年11月12日,"仡佬之源·乐活务川"务川仡佬族苗族自治县非遗周末聚上歌舞唱念,幕幕经典,欢乐无限。

周末聚
务川
WUCHUANZHOUMOJU
歡迎您

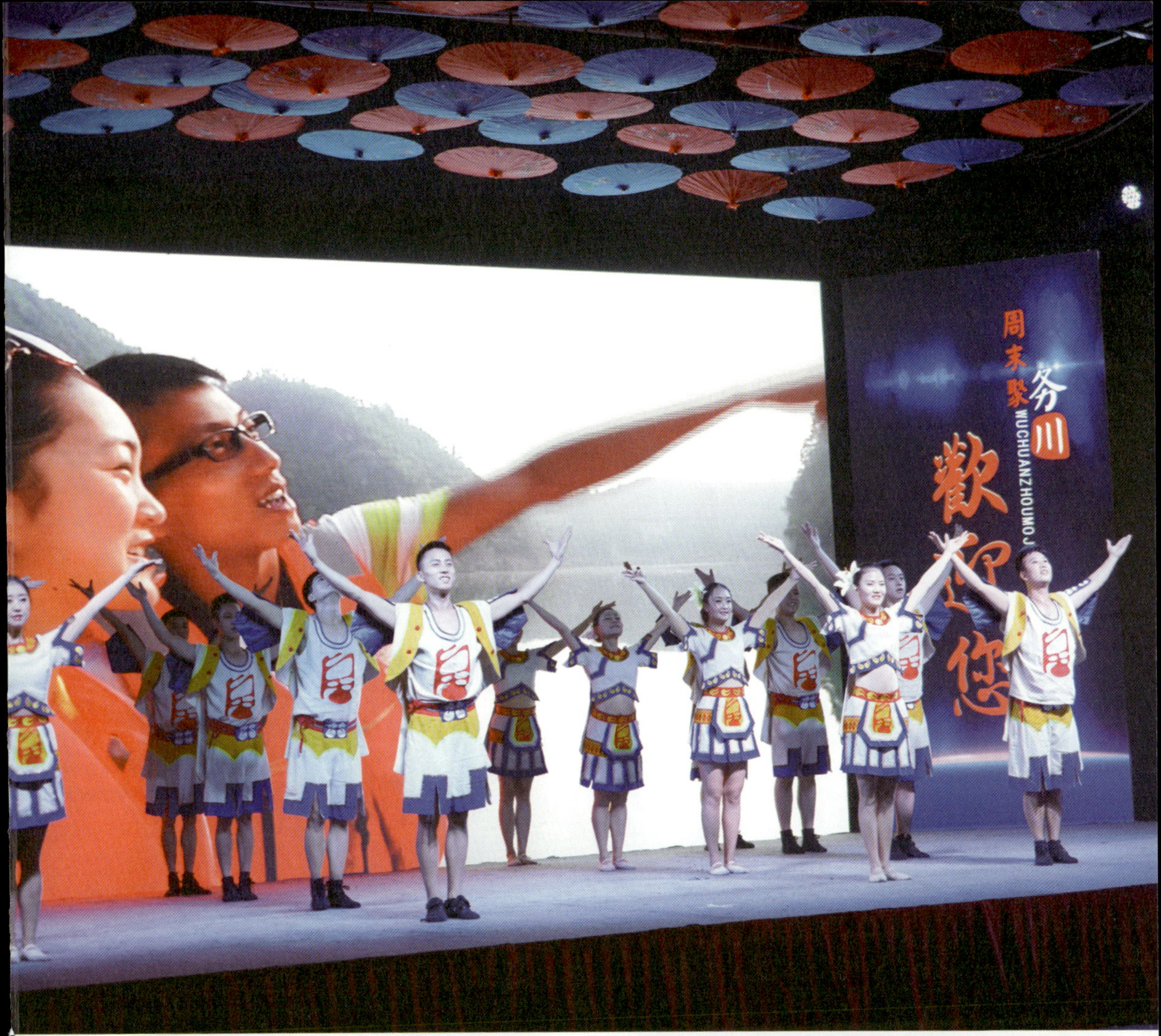

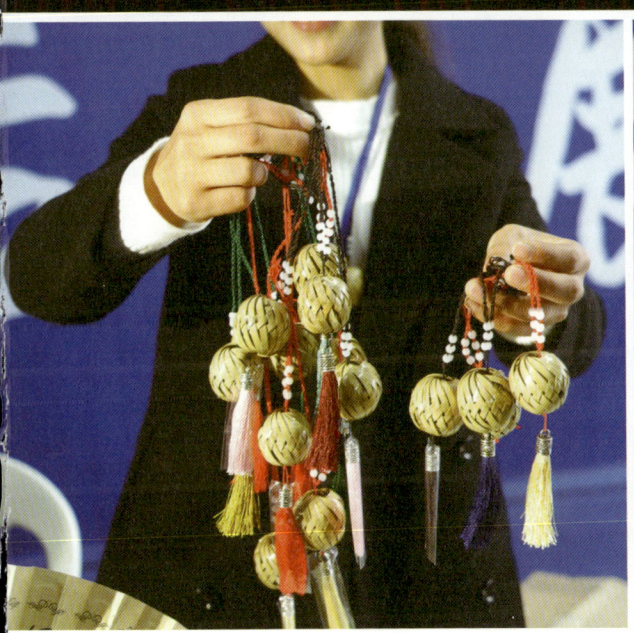

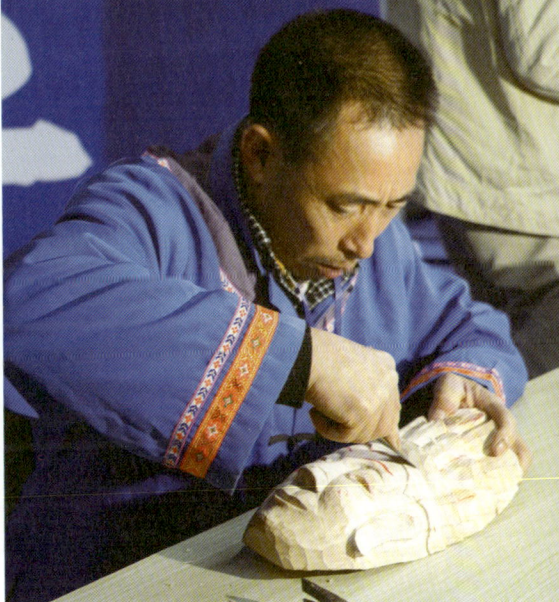

2016年11月26日,"大德若水·大美德江"德江县非遗周末聚上节目展演、技艺展示、特色美食、非遗课堂等同步进行。

传播 驰名天下

2016年11月27日，首届"多彩贵州文化艺术节·非遗周末聚"活动圆满落下帷幕。本次活动历时半年，成功举办20期，参与县（市、区）组织非遗文化展演累计演出200余场（次），展出农特产品和地方美食400余种、非遗产品2000余件，吸引市民及境内外游客10余万人（次）参与互动。通过非遗周末聚这个活动平台，一大批非遗项目走进群众之间，以展、演、食等方式，从视觉、听觉、味觉等方面，让观众零距离、立体化地感知了贵州非物质文化遗产的魅力。

2017年5月28日,"温泉之城·长寿石阡"石阡县非遗周末聚上《石阡说春》《仡佬蹦蹦鼓》《情姐下河洗衣裳》《薅草锣鼓》等节目精彩亮相。

传播

驰名天下

2017年6月3日,"绝技苗乡·神奇松桃"松桃苗族自治县非遗周末聚上苗族的《花鼓舞》给观众带来了一场妙不可言的欢乐之旅。

2017年6月10日,"悠悠思南·浩浩乌江"思南县非遗周末聚上土家族花灯戏、乌江船工号子、土家族长号等的展演展示,赢得了观众的阵阵掌声。

2017年6月17日,"鸽子花城·洞天纳雍"纳雍县非遗周末聚上市民和游客可以欣赏到纳雍独特的民族风俗展示,品尝到特色美食。

传播 驰名天下

2017年6月24日,"神秘夜郎·古韵赫章"赫章县非遗周末聚上展示了《彝族铃铛舞》《苗族大迁徙舞》等。

2017年7月1日,"神秘茅台·酱香仁怀"仁怀市非遗周末聚上,仁怀市通过节目展演、非遗周末课堂、风光风情图展等多种形式向外界推介自身独特的酱香文化和地域风情。

2017年7月8日,"丹青赤水·康养福地"赤水县非遗周末聚上有《竹韵》《月亮河》等歌舞表演,其中游氏武术、竹雕技艺等节目令人叹为观止。

传播 驰名天下

155

2017年7月15日,"鳛国故里·绿洲红城"习水县非遗周末聚上苗族斗脚舞、温水小手拳等非遗展演让观众大饱眼福。活动现场还有特色小吃供观众品尝。

传播

驰名天下

157

2017年7月22日,"户外胜地·百花兴义"兴义市非遗周末聚上《贺喜堂》《梳妆》《思念》《卟嘿当》等表演节目让大家对兴义非遗盛宴赞不绝口。

传承与传播

2017年7月29日,"2017多彩贵州文化艺术节·非遗集中展示"拉开大幕,此次活动生动演绎了"多彩文化·共享共建"的盛况。展示活动主要分为优秀节目会演、芦笙舞专场、傩戏专场以及花灯戏专场。活动由全省21个县市选送的优秀非遗节目、20余家优秀企业研发制作的非遗文创产品和非遗美食组成,给观众带来了一场非遗的饕餮盛宴。

2017年8月5日,"山水册页·幸福亨通"册亨县非遗周末聚上转场舞、竹鼓舞、舞狮等表演,吸引观众热情参与。

2017年8月12日,"山水文城·活力普定"普定县非遗周末聚上《跳起花灯游普定》《布依铜鼓舞》《板凳龙》《晒月亮》等展演节目,让观众充分感受了普定独特的文化魅力。

传播 驰名天下

传承与传播

2017年8月19日,"醇美瀑乡·开放镇宁"镇宁布依族苗族自治县非遗周末聚以铜鼓十二调开篇,通过古筝、琵琶、吉他等乐器的合奏,给观众带来了一种全新的视听享受。

2017年8月26日,"太极养生·古城福泉"福泉市非遗周末聚上非遗展示、文艺展演、特色美食展销等活动,为大家呈现了独具魅力的福泉之美。

传播 驰名天下

传承与传播

2017年9月2日,"金海雪山·活力贵定"贵定县非遗周末聚为大家带来了一场绚丽多彩的民族服饰盛宴。

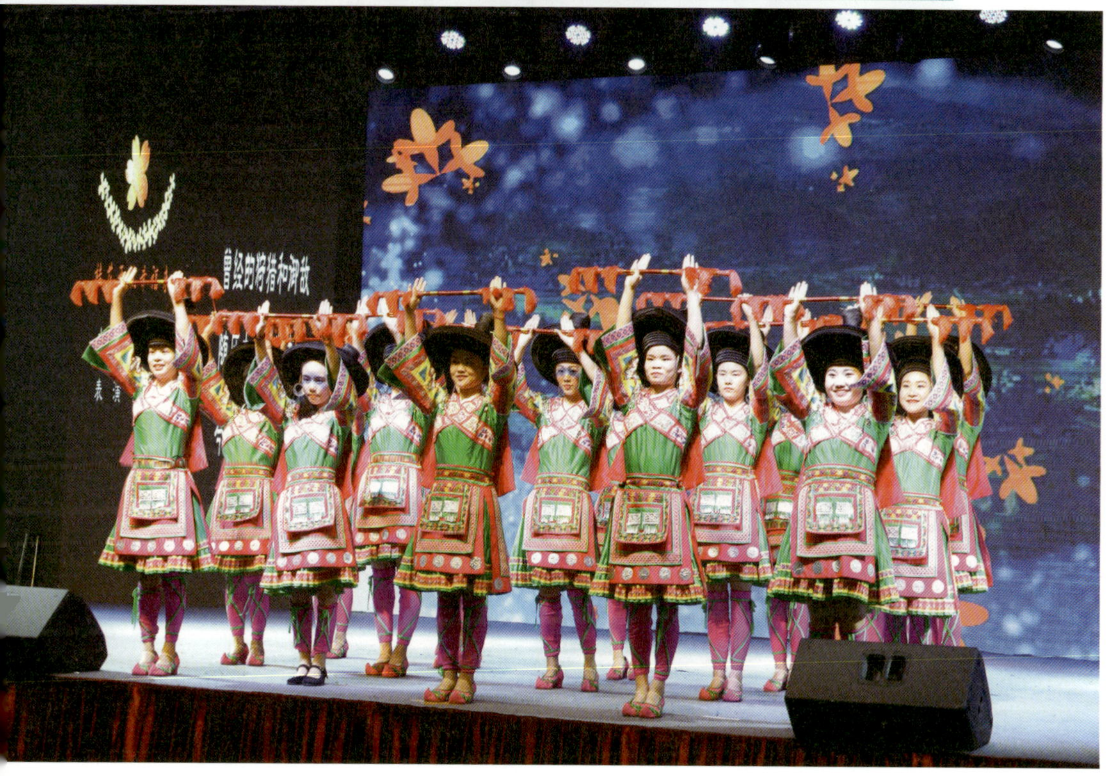

传承与传播

2017年9月9日,"亚鲁魂韵·绿色紫云"紫云苗族布依族自治县非遗周末聚上《亚鲁魂韵》舞台剧、民族服饰展示等把观众带入了少数民族生活的情境中。

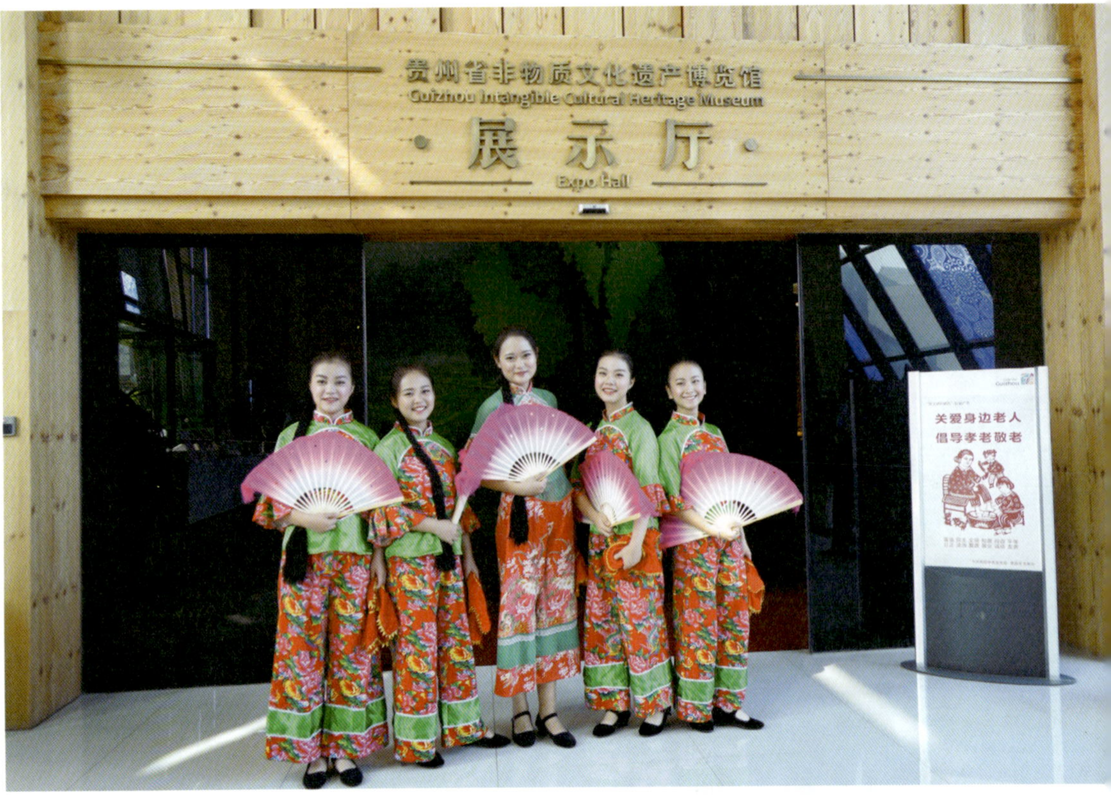
贵州省非物质文化遗产博览馆
Guizhou Intangible Cultural Heritage Museum
展示厅
Expo Hall
关爱身边老人
倡导孝老敬老

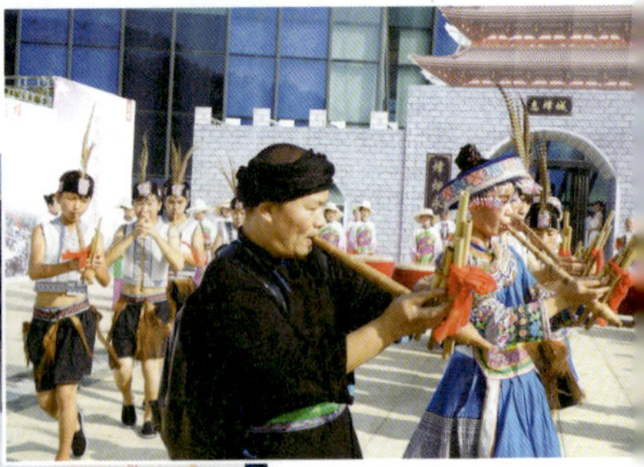

红色经典

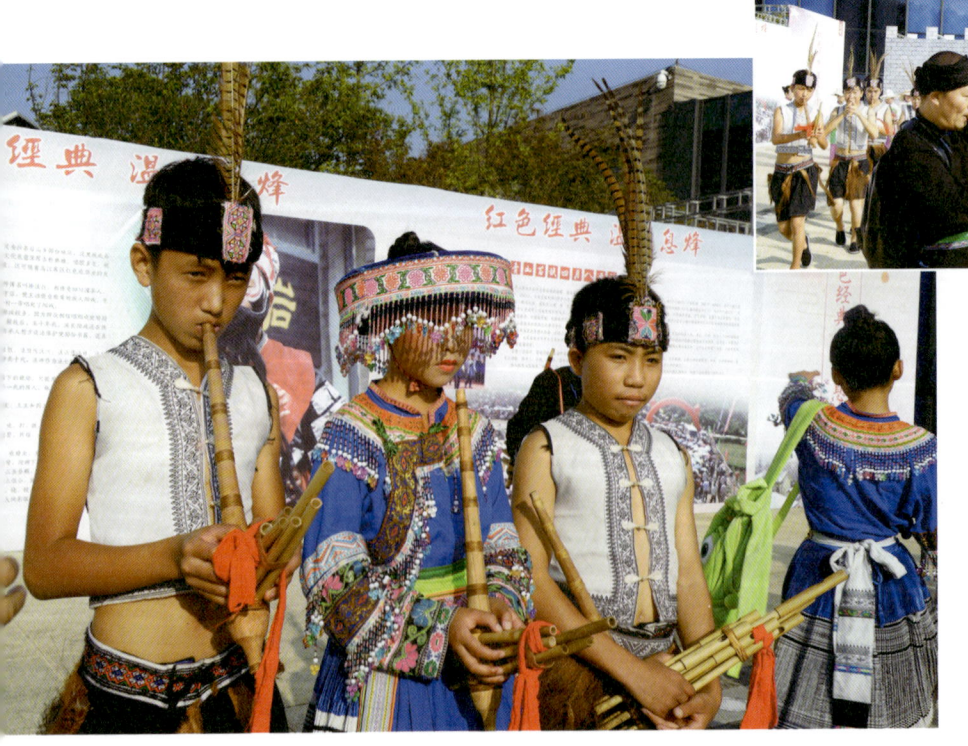

2017年9月16日,"红色经典·温泉息烽"息烽县非遗周末聚上息烽阳戏《三圣殿堂》、花灯戏《唐儿幺妹》、歌舞《欢乐苗家》《山茶神韵》等节目精彩亮相。

2017年9月23日,"文运胜地·金彩盘州"盘州市非遗周末聚上布依族盘歌和彝族古歌同台演唱,不仅唱出了乌蒙大草原儿女们的豪情,也唱出了他们对生活的无限热爱。

2017年10月1日,"神秘且兰·古韵旧州"黄平县非遗周末聚上苗族飞歌、僳家舞蹈《踩月》等节目,给观众带来了一场视听盛宴。

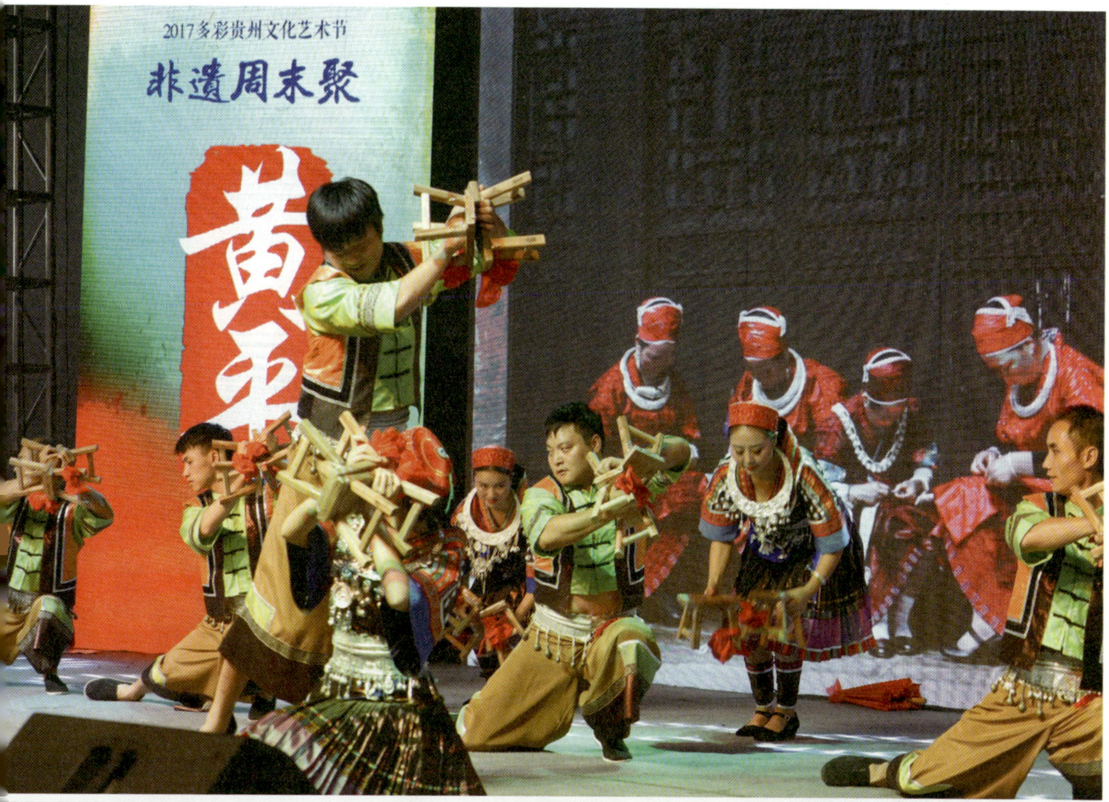
2017多彩贵州文化艺术节
非遗周末聚

2017多彩贵州文化艺术节
黄平 非遗周末聚
Colorful Guizhou
多彩贵州

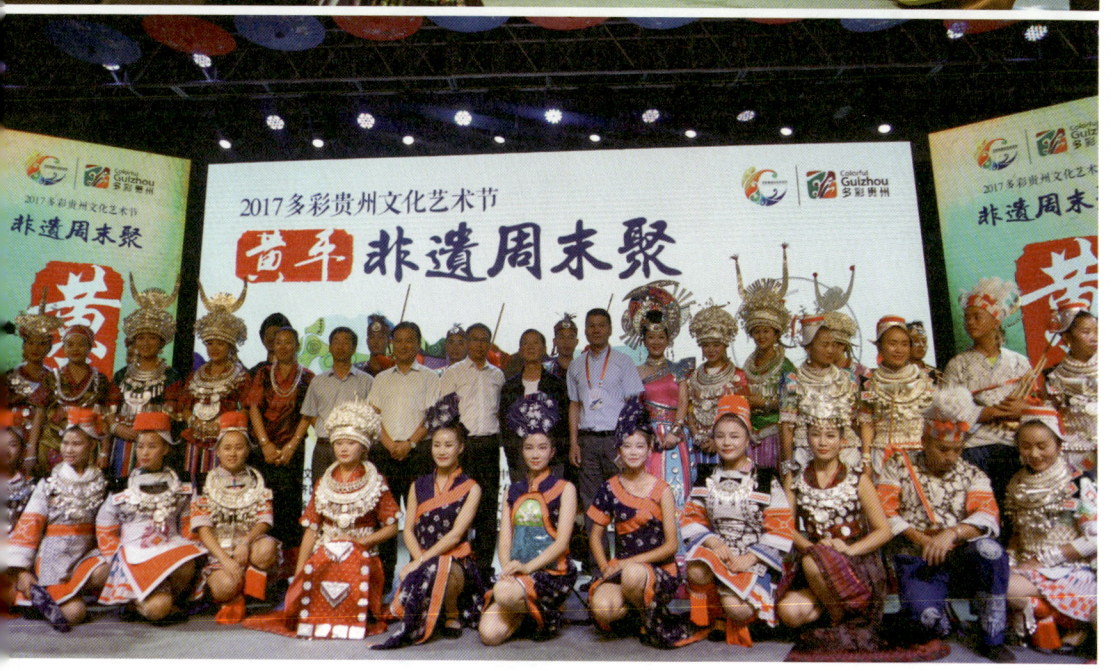

2017年10月14日,"苗侗祖源·绿色榕江"榕江县非遗周末聚上侗族大歌、木鼓舞、琵琶歌、苗族芦笙舞等节目夺人眼球。

传播 驰名天下

传承与传播

2017年10月21日,"苗侗明珠·山水凯里"凯里市非遗周末聚上芦笙芒筒舞、苗族锦鸡舞、反排木鼓舞等,让观众领略到苗族和侗族文化的魅力。

2017年10月22日,"2017多彩贵州文化艺术节·非遗周末聚"闭幕式暨颁奖仪式举行。《开天辟地》《长衫龙》《银匠》等非遗展演精彩连连,引人入胜。

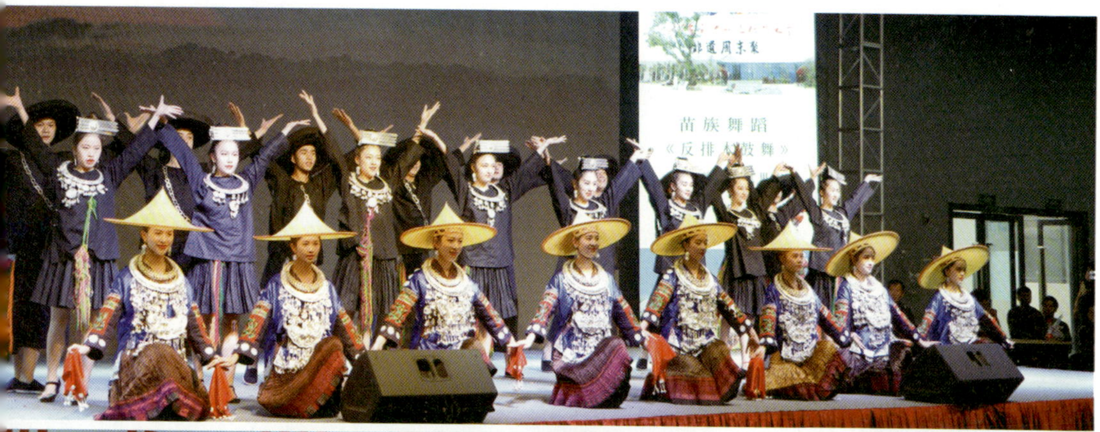

苗族舞蹈《反排木鼓舞》

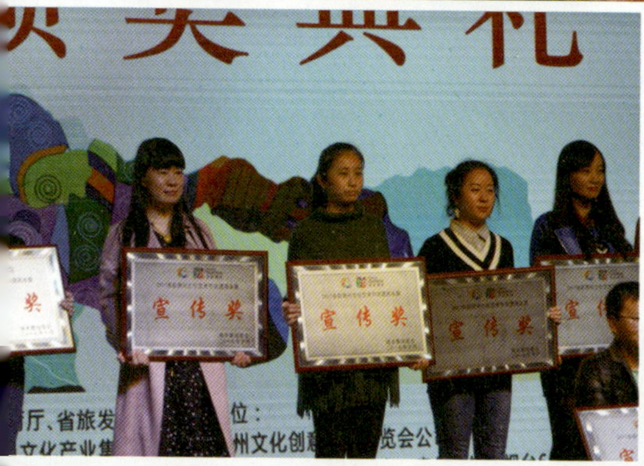

摄影大赛

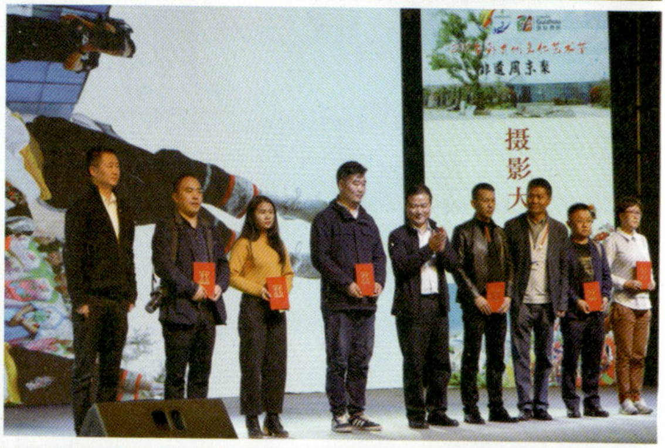

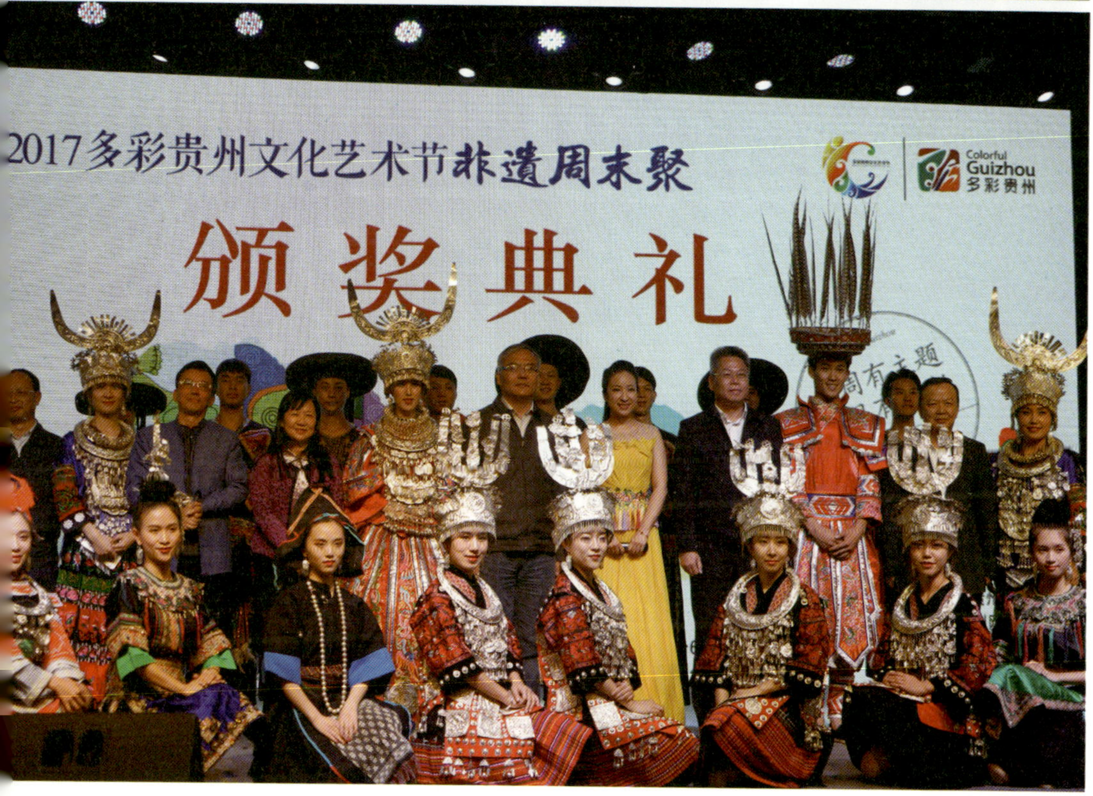

2017多彩贵州文化艺术节非遗周末聚 颁奖典礼

传播 驰名天下

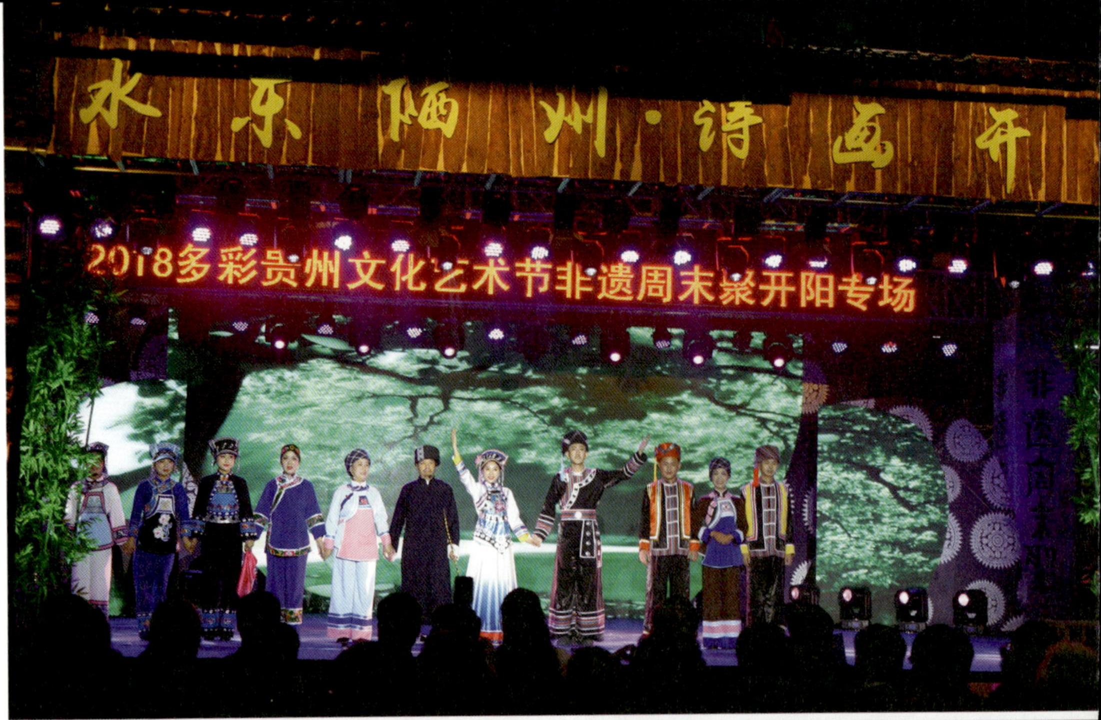
2018多彩贵州文化艺术节非遗周末聚开阳专场

《高台舞狮》：开阳县高台舞狮是第四

遗项目，是贵阳市非物质文化遗产数字化建设的

2018多彩贵州文化艺术节非遗周末聚开阳专

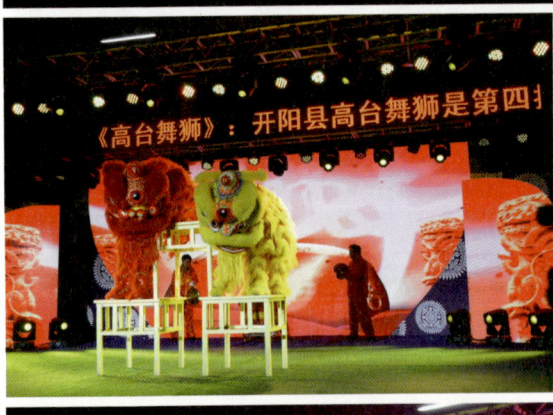

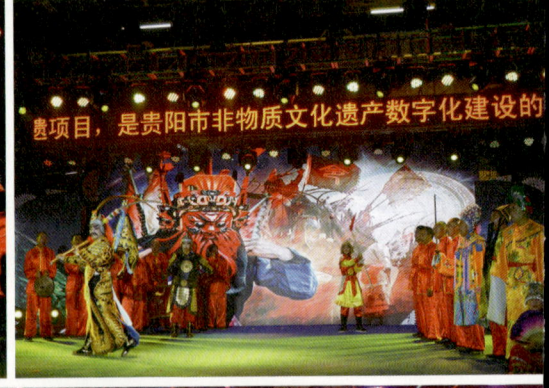

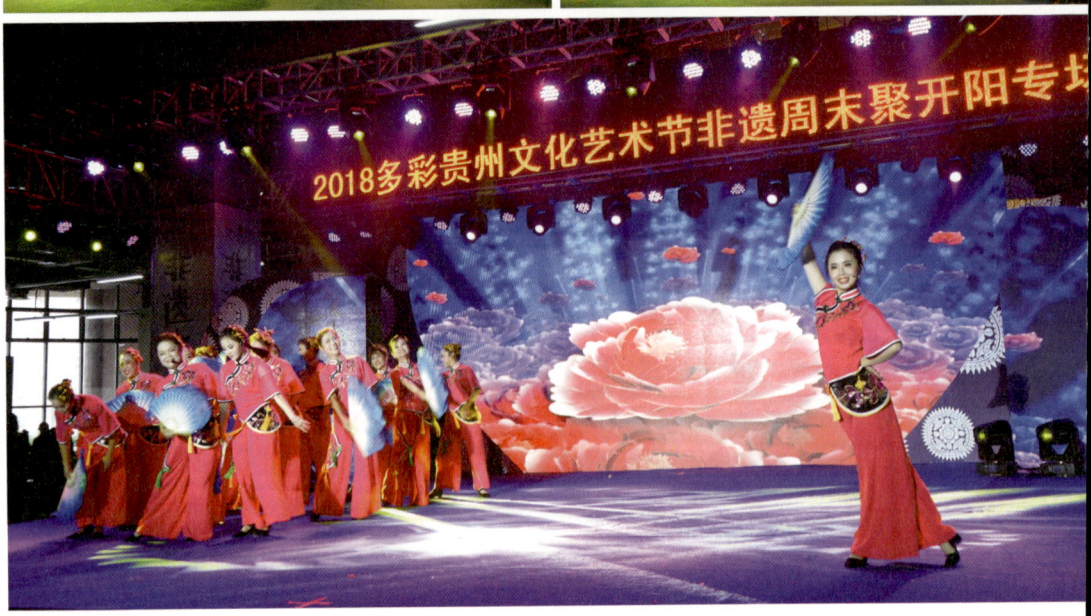

2018年6月2日,"水东硒州·诗画开阳"开阳县非遗周末聚上《高台舞狮》《木叶变歌》《薅秧歌》等多个特色鲜明的传统节目逐一亮相,一次次地震撼着现场的观众。

2018年6月9日,"非遗周末聚·修文专场"修文非遗周末聚恰逢"自然与文化遗产日",活动以"王学圣地·秀美修文——从心开始的地方"为主题,展演了各具特色的非遗节目,让观者感受到贵州非遗的独特魅力。

传承与传播

2018年6月16日,"中国凉都·生态水城"六盘水市水城区非遗周末聚上,《箐鸡舞》《喊歌》《彝族铃铛舞》《布依族吹打乐》等展演将活动推向了高潮。

2018年6月23日,"非遗周末聚·诗乡绥阳"绥阳县非遗周末聚拉开了帷幕,一幕幕绝美的非遗展演、一项项精湛的非遗技艺,让观者感受到了绥阳的别样魅力。

2018年6月30日,"非遗传承润余庆·积善之家惠人民"余庆县非遗周末聚上《矮人舞》《丝弦花灯》等节目备受欢迎,《钱杆舞》《蚌鹤舞》等节目更是让观众大开眼界。

传承非遗
文化惠民
非遗周末聚
2018多彩贵州文化艺术节 非遗周末聚
2018多彩贵州文化艺术节非遗周末聚
各县（市/区）活动安排日程表

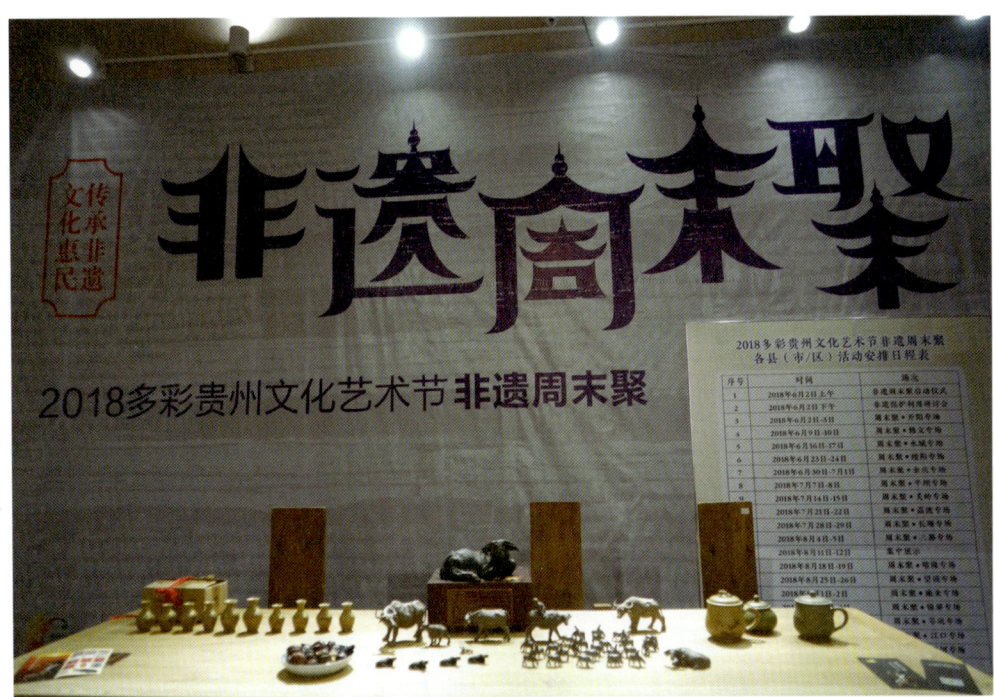

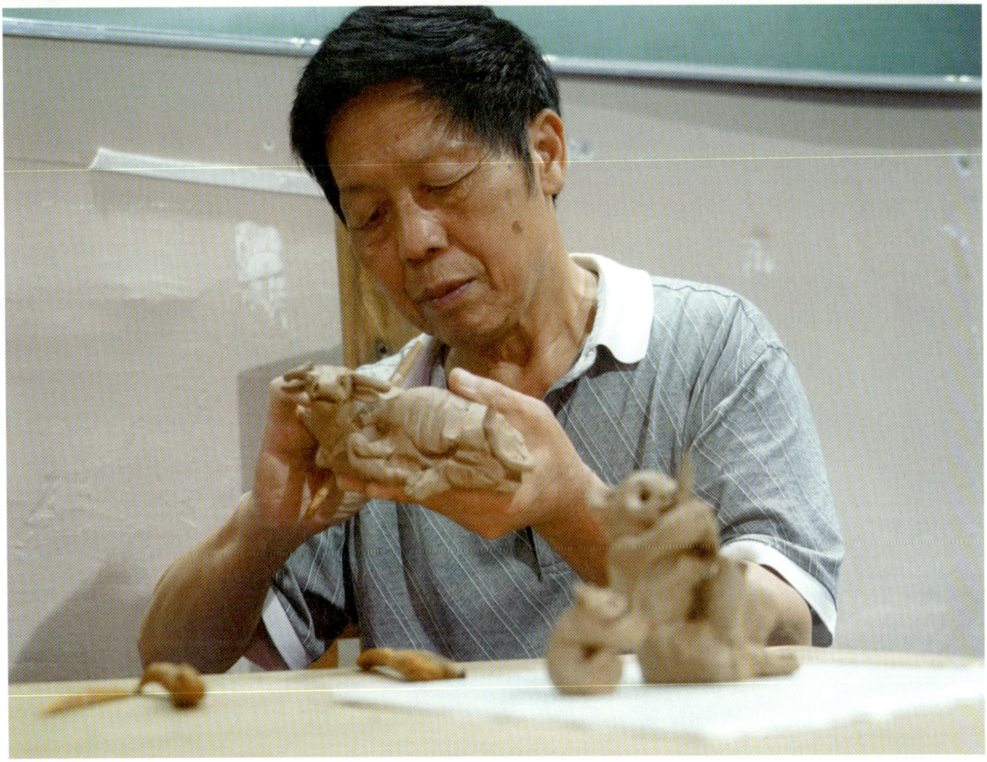

2018年7月14日,"舞动非遗·生态关岭"关岭布依族苗族自治县非遗周末聚上布依族盘江小调、布依族姊妹箫、凡化地戏等非遗展演,将独具特色的关岭非遗呈现在观众面前。

2018年7月28日,"金竹夜郎·吉祥长顺"长顺县非遗周末聚上《牵头舞》、屯堡地戏《花刀舞》等节目的亮相,让观众大饱眼福。

民必不可少的器乐，端节、卯节等重要水族人民

舞蹈《水书·志》 水族自称"睢（sui）"

季节，水族同胞们吹起芦笙、手

2018年8月4日,"远古水族·灵绣三都"三都水族自治县非遗周末聚上《震天鼓》《女子铜鼓舞》《古歌》《绣娘》《水书·志》等节目,让观众近距离感受到了独特的民族风俗。

2018年8月11日,"传承非遗·文化惠民"非遗周末聚集中展演活动隆重举办,本次展演的主题是"看得爽、玩得爽、吃得爽、购得爽"。多个非物质文化遗产项目精彩亮相,让观众近距离与手工艺人交流、品尝地方特色美食,从而集中了解体验贵州多姿多彩的民族文化。

族大歌一经亮相,技惊四座,被认为是" 日头劳动,晚上还要织布。为了孝敬老人和照

有"天下第一锦鸡舞"之称。苗族同胞在每年的

2018年8月25日,"布依圣境·温暖望谟"望谟县非遗周末聚上《布依古歌》《耍麒麟》《布依钹铃舞》《梳妆》《浪哨》等节目轮番上演,展现了望谟县的地域风情和特色文化。

传承与传播

2018年9月1日,"水墨云山·中国施秉"施秉县非遗周末聚上《刻道》《游方歌》《敬酒歌》《苗族服装秀》等节目精彩亮相。

2018年9月8日，"夜郎遗珠·有机锦屏"锦屏县非遗周末聚上，《锦绣画屏》《种树》《脸花花·龙尾巴》《家乡美》等节目让现场观众赞不绝口。

2018年9月15日,"2018非遗周末聚高峰论坛暨总结表彰大会"隆重举办,大会对优秀的非遗节目进行了表彰。

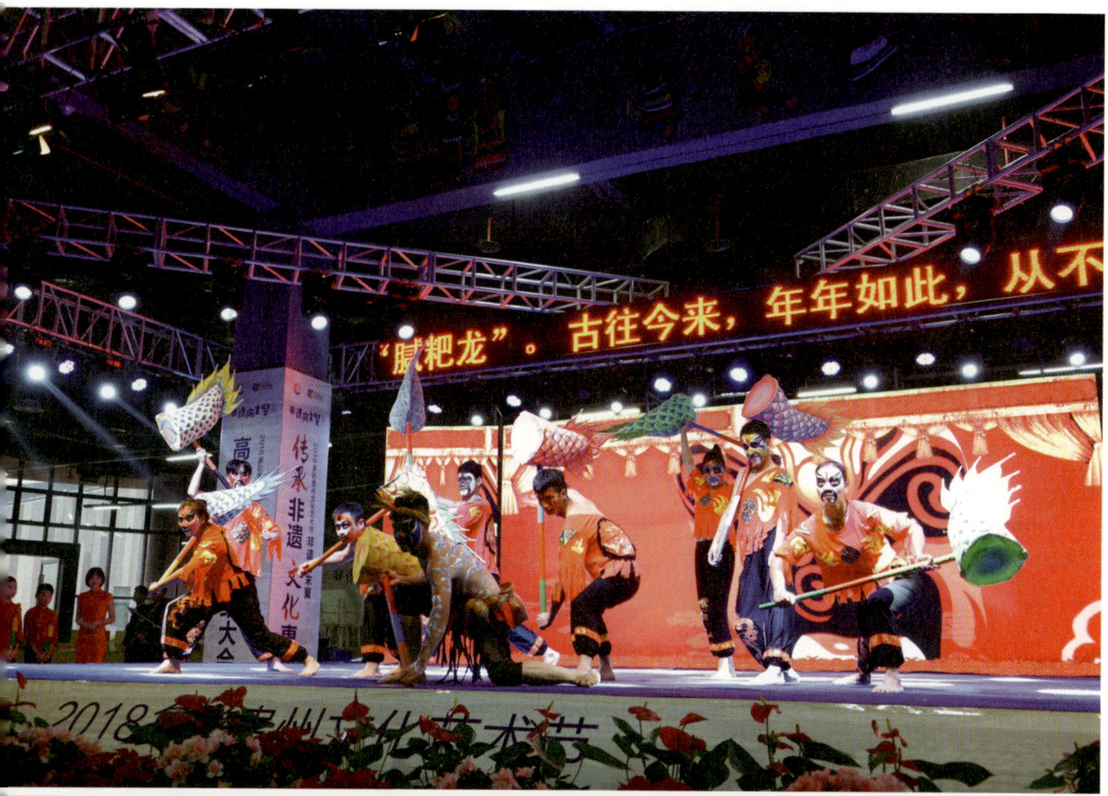
古往今来，年年如此，从不
传承非遗文化惠
2018

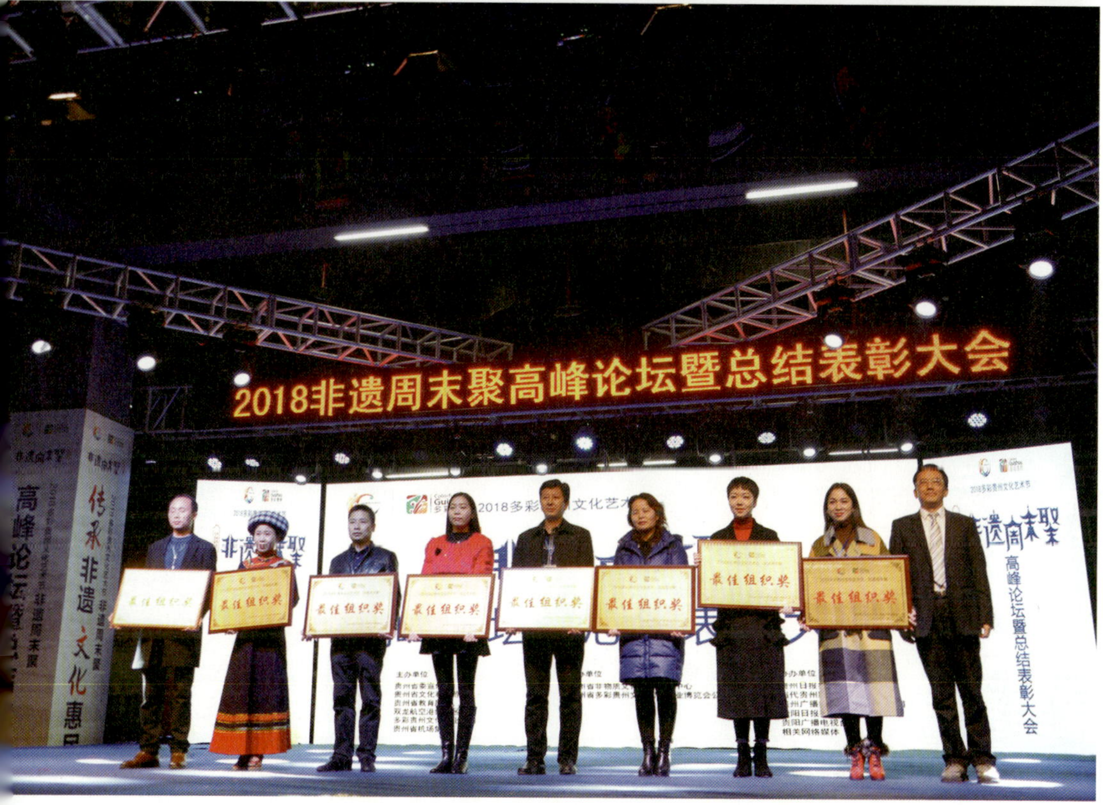
2018非遗周末聚高峰论坛暨总结表彰大会
非遗周末聚
高峰论坛暨总结表彰大会
传承非遗文化惠
最佳组织奖
最佳组织奖
最佳组织奖
最佳组织奖
最佳组织奖
最佳组织奖
最佳组织奖
最佳组织奖

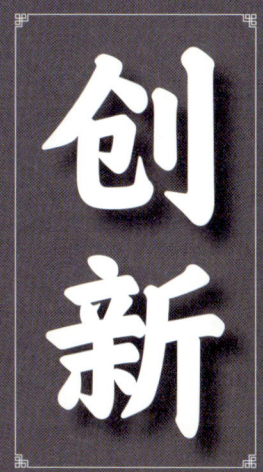

创新

—— CHUANG XIN ——

交流互鉴

搭建交流桥梁，携手共赢未来。

非物质文化遗产是人类共同的瑰宝，弘扬传统文化，丰富新时代文化内涵，提升民众生活品质，是推进非遗交流的价值所在。千百年来，黔中大地劳动人民创造的智慧，如何使贵州省非遗博览馆中非遗传承人的代表作品"活起来"，从而真正让观众真切感受各民族交往、交流和交融的过程，深切感悟传统文化的深厚内涵，是贵州省非遗博览馆的责任担当。

非遗是不可触摸的文化遗产，也需要物质载体来弘扬、展现，将各族民众传承至今的智慧，融入当代生活、丰富当代文化；每一项非遗都不是孤立的，而是千千万万劳动人民的智慧结晶，具有广泛的民众参与性。贵州省非遗博览馆的建成开放，吸引着国内外学者、专家、游客前来访古探今、探索求知、学术研究等，一个个非遗项目就是一座座时光隧道，多姿多彩的民族文化在这里熠熠生辉，声名远扬。

2015年10月30日,由全国180多家新闻媒体组成的"最美村镇"评选小组,来到贵州省非遗博览馆参观。

创新 交流互鉴

2015年11月1日,河北省考察团到贵州省非遗博览馆参观。

创新 交流互鉴

传承与传播

2015年11月6日,贵阳市东山小学的学生到贵州省非遗博览馆参观学习。

2015年11月6日,贵州民族大学考察团一行到贵州省非遗博览馆参观。

2015年11月7日,全国第五批国家级非物质文化遗产代表性传承人申报工作培训班学员到贵州省非遗博览馆参观。

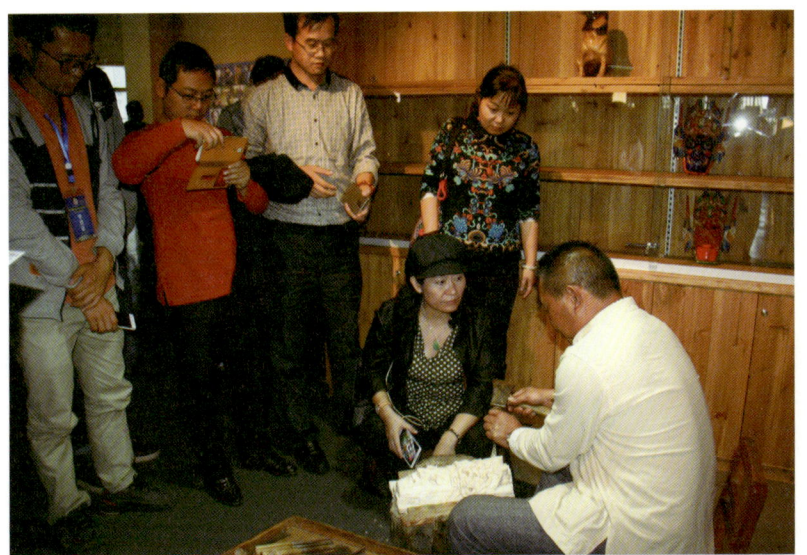

传承与传播

2015年11月17日,中国艺术研究院考察团一行到贵州省非遗博览馆考察调研。

2015年11月18日,安顺学院的师生到贵州省非遗博览馆参观。

2015年11月19日,甘肃省肃南县非物质文化遗产代表性传承人到贵州省非遗博览馆参观交流。

2015年12月12日，复旦大学孔子学院人员到贵州省非遗博览馆参观。

2015年12月17日，天津市非物质文化遗产工作团队到贵州省非遗博览馆参观交流。

创新 交流互鉴

2015年12月27日，海峡两岸劳工发展交流协会成员到贵州省非遗博览馆参观。

创新 交流互鉴

2016年2月20日,苏州工艺美术职业技术学院考察团一行到贵州省非遗博览馆考察交流。

创新 交流互鉴

2016年3月9日,河南省南阳市相关工作人员到贵州省非遗博览馆参观。

传承与传播

2016年3月28日,墨西哥中国文化中心相关人员到贵州省非遗博览馆参观。

2016年4月16日,金宝贝艺术学校的孩子们到贵州省非遗博览馆参观体验。

2016年4月21日，退休干部到贵州省非遗博览馆参观。

2016年5月3日，从事文化工作的老专家到贵州省非遗博览馆参观。

2016年5月18日，山东省考察团一行到贵州省非遗博览馆考察。

创新 交流互鉴

传承与传播

2016年7月10日,文化部(今文化和旅游部)考察团一行到贵州省非遗博览馆调研交流。

2016年7月12日,"情系多彩贵州·两岸文化联谊行"代表团到贵州省非遗博览馆参观。

传承与传播

2016年8月15日,北京服装学院继续教育学院考察团一行到贵州省非遗博览馆参观考察。

2016年10月9日，文化部（今文化和旅游部）产业发展司考察团一行到贵州省非遗博览馆调研。

传承与传播

2016年10月12日，贵阳市群众艺术馆工作人员到贵州省非遗博览馆参观。

2016年10月23日,美术院校的学生到贵州省非遗博览馆参观学习。

2016年11月10日,机关工委工作人员到贵州省非遗博览馆参观。

2017年2月20日,黑龙江省考察团到贵州省非遗博览馆调研交流。

2017年5月13日,《贵阳晚报》小记者到贵州省非遗博览馆参观学习。

传承与传播

2017年7月20日,海南省考察团一行到贵州省非遗博览馆调研交流。

2017年7月20日,贵州省省直机关文化教育中心相关人员到贵州省非遗博览馆参观。

创新 交流互鉴

2017年7月28日，海外华裔青少年到贵州省非遗博览馆体验非遗项目。

创新

交流互鉴

273

2017年8月8日,非遗传承人培训班学员到贵州省非遗博览馆参观学习。

传承与传播

2017年8月16日,《桂林日报》小记者到贵州省非遗博览馆参观学习。

2017年8月17日,内蒙古自治区考察团一行到贵州省非遗博览馆考察调研。

创新 交流互鉴

279

2017年8月30日，东营市考察团一行到贵州省非遗博览馆参观交流。

传承与传播

2017年9月2日,上海东华大学服装与艺术设计学院考察团一行到贵州省非遗博览馆参观。

2017年9月15日,贵州省博物馆考察团一行到贵州省非遗博览馆参观。

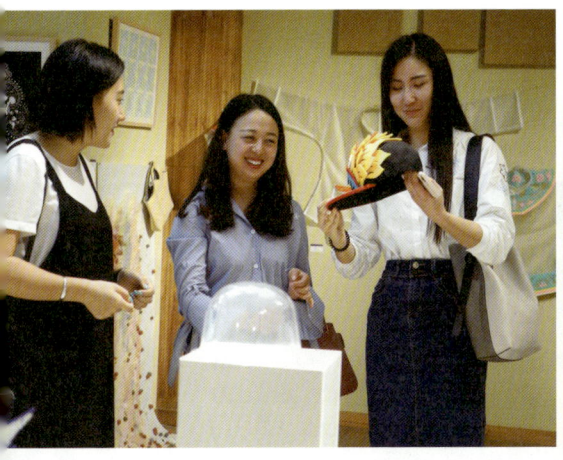

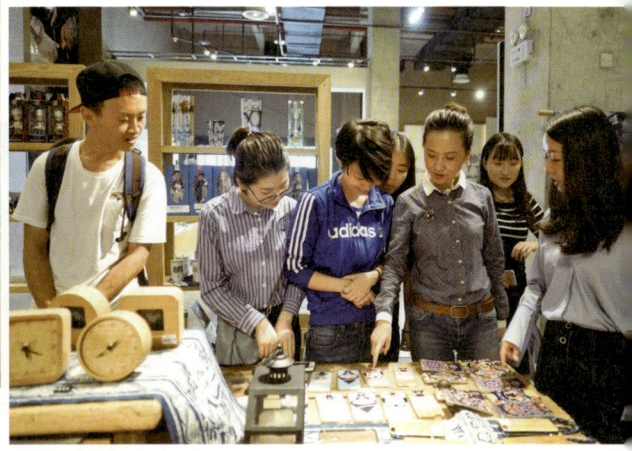

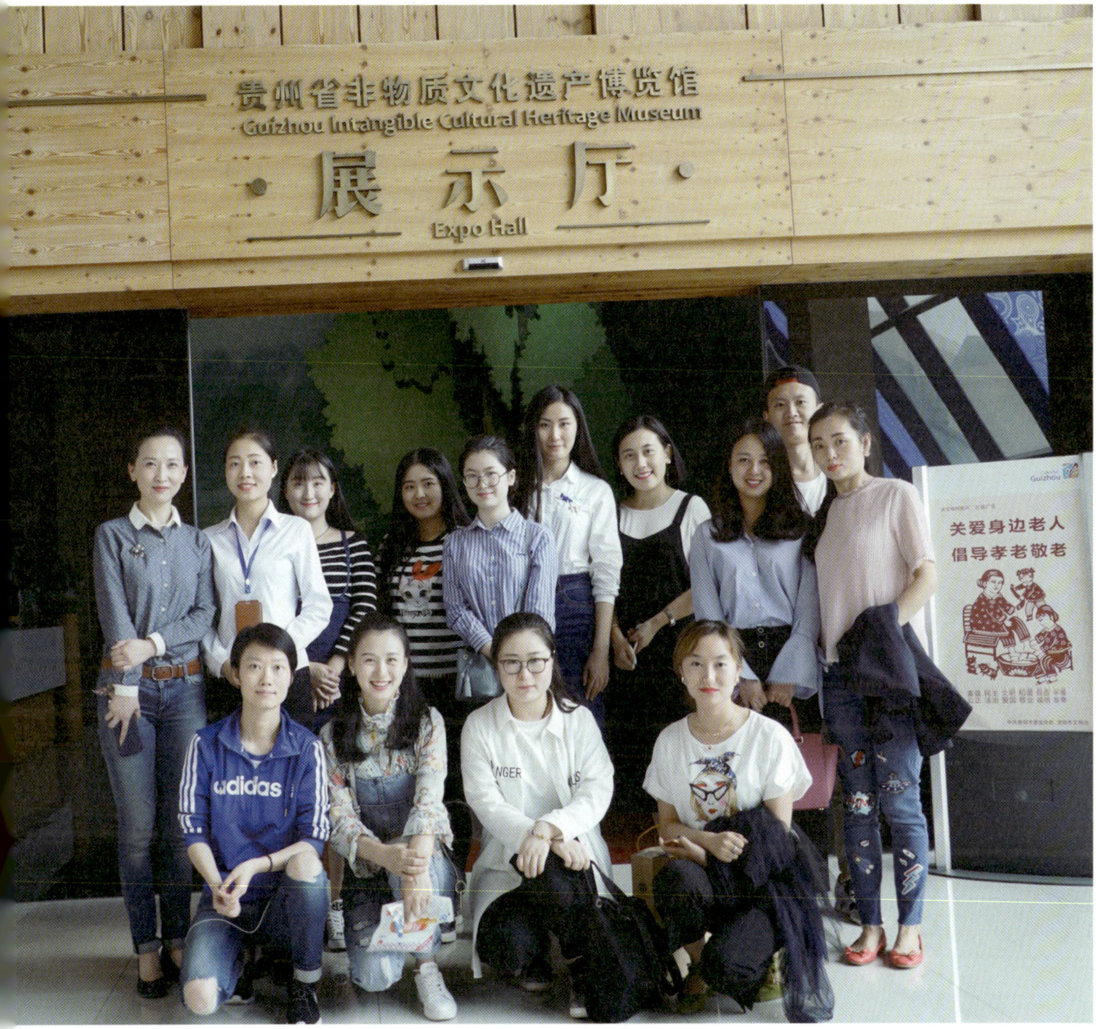
贵州省非物质文化遗产博览馆
Guizhou Intangible Cultural Heritage Museum
展示厅
Expo Hall
关爱身边老人
倡导孝老敬老

2017年9月26日，青海省考察团一行到贵州省非遗博览馆调研交流。

创新 交流互鉴

2017年11月14日，重庆中国三峡博物馆考察团一行到贵州省非遗博览馆参观交流。

2017年11月22日，相关专家学者到贵州省非遗博览馆考察交流。

2017年11月27日，云南省迪庆藏族自治州参访团到贵州省非遗博览馆参观考察。

传承与传播

2017年12月6日,北京市考察团一行到贵州省非遗博览馆调研交流。

传承与传播

2017年12月17日,海外华裔青少年到贵州省非遗博览馆参观学习。

2017年12月19日,印度尼西亚留学生到贵州省非遗博览馆参观学习。

创新 交流互鉴

2018年1月14日,北京大学燕京学堂的研究生到贵州省非遗博览馆参观学习。

创新 交流互鉴

2018年1月14日,"筑梦市集"亲子活动的小朋友到贵州省非遗博览馆体验非遗项目。

传承与传播

2018年3月22日,贵州省部分机关单位人员到贵州省非遗博览馆参观。

2018年4月13日,湖北省宜昌市考察团一行到贵州省非遗博览馆考察学习。

创新 交流互鉴

传承与传播

2018年5月18日,四川省妇联组织甘孜藏族自治州、阿坝藏族羌族自治州、凉山彝族自治州考察团一行70余人到贵州省非遗博览馆参观。

2018年7月8日,来自中国台湾10余所高校的师生到贵州省非遗博览馆参观交流。

创新 交流互鉴

2018年7月28日，上海市文化广播影视管理局考察团一行到贵州省非遗博览馆调研。

2018年7月29日,上海东华大学服装与艺术设计学院考察团一行到贵州省非遗博览馆参观交流。

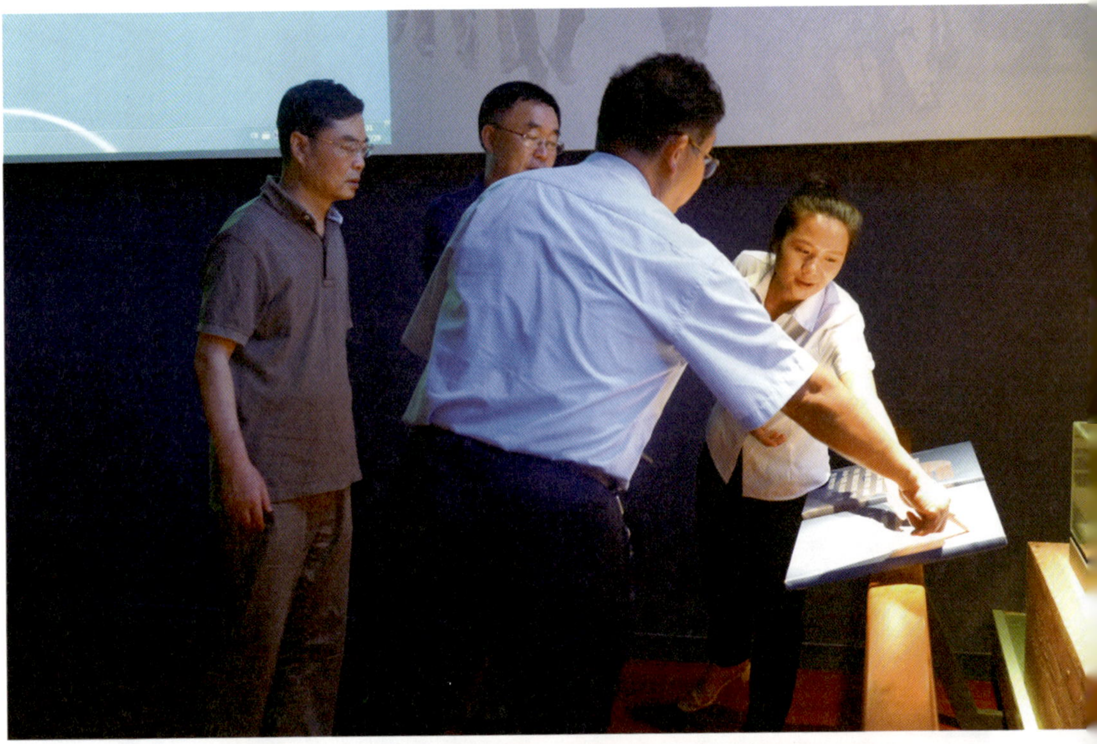

创新 交流互鉴

传承与传播

2018年8月10日,联合国教科文组织亚太地区非物质文化遗产国际培训中心一行到贵州省非遗博览馆调研交流。

传承与传播

2018年8月29日，全国传统工艺工作站交流会的相关人员到贵州省非遗博览馆交流调研。

传承与传播

2018年11月17日—23日,《我从草原来——国家级非遗项目"包头剪纸"精品展》在贵州省非遗博览馆巡展。

2018年11月27日,西藏自治区考察团一行到贵州省非遗博览馆参观交流。

2018年11月29日，侗戏研修班人员到贵州省非遗博览馆参观学习。

后记

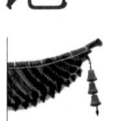

　　非物质文化遗产是中华优秀传统文化的重要组成部分。贵州省非物质文化遗产博览馆作为贵州非物质文化遗产的重要展示窗口和宣传平台，对贵州非物质文化遗产的传承与传播发挥着重要的作用。

　　贵州省非物质文化遗产博览馆的建设，是我们党和国家高度重视文化遗产保护的生动缩影，是"望得见山，看得见水，记得住乡愁"的真实写照。该馆的建设得到了贵州省委省政府的高度重视，在贵州省委宣传部和贵州省文化和旅游厅的具体推动下，得到了省内相关部门的大力支持，得到了众多专家学者的倾情倾力帮助。几经商榷，多番论证，从策划到设计，从规划定位到总体把握，从宏观目标到逐一细化落实，从一张白纸到整个场馆设计定稿，从审计监理到施工建成，历经100多天的攻坚作业，贵州省非物质文化遗产博览馆建设完成。作为贵州省非物质文化遗产博览馆建设的参与者、建设者和全程见证者，编者见证了贵州省非物质文化遗产博览馆从无到有、从小到大、从初具雏形到落地完成的全过程。在该馆的100多天建设中,我们的专家和同志们与设计团队、施工团队日以继夜并肩作战,忘我战斗在贵州省非物质文化遗产博览馆建设的最前线。

贵州省非物质文化遗产博览馆自2015年7月24日开馆以来,在展陈理念上,突出生态、还原生活、致力生动,彰显贵州本色,凸显"多彩贵州"风貌。馆内主要以国家级非物质文化遗产代表性项目展示及传承人展演为依托,秉承"活态"理念,以活态展示为路径,积极发挥展馆在非遗保护、传承、传播等方面的积极作用。围绕"传承人之家·活态体验坊"共建共享这一主题,邀请非物质文化遗产传承人长期驻馆开展传承与传播实践活动,生动全面地演绎和展示"活态"的非遗,述说非遗背后的精彩故事。

截止目前,贵州省非物质文化遗产博览馆馆内有非遗代表作实物展品3000余件(套)、实景模型60余组、图版200多幅,分4个区域 10 种类型进行展示。通过非遗传承人的现场展示展演、游客现场体验，加上实物展出、实景模型、图片图表、音视频多媒体、动漫动画、智能查询系统等多种现代科技与技术手段相结合，多层次、多维度、全方位，丰富而立体地展现贵州非物质文化遗产的资源状况和保护成果。

未来，贵州省非物质文化遗产博览馆将不断充实和完善，将扎实做好贵州非物质文化遗产的系统性保护和高质量发展工作，讲好贵州故事，传递中国好声音，深化文明交流互鉴，推动中华优秀传统文化更好地走向世界。

本书在编辑过程中，由于工作繁重、时间仓促，恐有很多不足，望广大读者多多批评指正。

编　者

2023 年 12 月 16 日